St. Moritz

2.486 m.ü.M.

COLLECTION
ROLF HEYNE

IRANIAN CAVIAR
RACETIGER

Hartly & Reto Mathis

2.486 m.ü.M.

EUROPAS HÖCHSTGELEGENES GOURMETRESTAURANT

COLLECTION ROLF HEYNE

Inhaltsverzeichnis

Pirates on the rocks

Der Anfang auf dem Berg …

2003
Hartly Mathis

Hartly Mathis

Mein Vater war in der Schweiz im Gastgewerbe tätig. Das ging aber nicht gut. So wanderte er 1921 nach Amerika aus und baute sich dort eine neue Existenz auf, natürlich wieder in der Gastronomie. Nach einem Jahr holte er schließlich meine Mutter nach, und am 22. November 1926 kam ich in Chicago zur Welt.

Zu dieser Zeit herrschte in Amerika die Prohibition und so ist es mit meinem Vater letzten Endes beruflich wieder nicht gut gegangen. Unsere Verwandten in der Schweiz schrieben uns in dieser Phase, dass die Gastronomie in der Heimat wieder erblüht sei und wir doch unbedingt zurückkommen sollten. 1932 machten wir uns, diesmal zu dritt, auf den Rückweg über das große Meer in die alte und nunmehr neue Heimat. Und wirklich, es waren gute Zeiten, die wir in den ersten Jahren in Celerina erlebten. Bis es wieder schwierig wurde, dieses Mal durch den Nationalsozialismus und die Vorbereitungen für einen neuen Krieg. Anfangs arbeitete mein Vater im Kurhaus als Einkaufschef, später jedoch musste er, nachdem der Betrieb dort aufgegeben wurde, jede Arbeit annehmen, die sich ihm bot. Zuletzt war er Buchhalter in einer Brauerei und Kurvereinssekretär von Celerina – sein letzter Lebensabschnitt, bevor er in Pension ging.

Nach der Rückkehr unserer Familie in die Schweiz war mein Leben so unbeschwert wie es eben nur für Kinder und Heranwachsende sein kann. Ich ging zur Schule, genoss die Engadiner Sommer und den Schnee der Wintersaison. Während der langen Sommerferien verdingte ich mich regelmäßig als Küchenbursche in dem Hotel eines enfernten Verwandten in Silvaplana. Ich fand schnell Gefallen an dem Treiben in der Küche, über die ein Küchenchef nebst zwei Köchen herrschte. Meine Aufgabe war es, ihnen zur Hand zu gehen, wo immer es nötig war. Das war großartig, weil meine Neugier auf all das, was in dieser Küche vor sich ging, unstillbar war. Ich wollte wissen, lernen, können. Nachdem mich der Küchenchef eine Zeit lang beobachtet hatte, nahm er mich beiseite und sagte er zu mir: »Hartly, du musst Koch werden!«

Also habe ich während des Krieges meine Lehre im Bahnhofsbuffet in Chur absolviert. Aufgrund der äußeren Umstände war natürlich Schmalhans der Küchenmeister. Alles war rationiert. Butter, Schokolade, Mehl, Milch, Brot – für alles gab es Mahlzeitencoupons. Und so kochte man nicht mit Butter, sondern nur mit ein wenig Fett. Unsere Schweine haben wir selbst aufgezogen und selbst geschlachtet. Dennoch waren drei Tage in der Woche fleischlos und wir mussten uns viel einfallen lassen, um Abwechslung auf den Speiseplan zu bringen. Teigwaren gab es, Reis jedoch nur auf Coupon, da er kein Schweizer Erzeugnis war. So haben wir Kroketten aus Haferflocken mit Tomatensauce angeboten, Hamburger mit Thunfisch oder Grießgnocchi. Drei fleischlose Tage in der Woche können so eine lange Zeit sein und eine ziemliche Herausforderung an die Fantasie der Köche. Meine Lehrzeit war eine Erziehung zu Kreativität, notgedrungen.

Im November 1944 kehrte ich als ausgelernter Koch nach Hause zurück, nach Celerina. Mein Berufsleben begann auch gleich, und zwar mit meiner ersten Wintersaison im Hotel Palace in St. Moritz. Es war übrigens das einzige Palace in der Schweiz, das während des Krieges den Betrieb in der Saison aufrechterhalten hatte. Überhaupt war es ein ganz besonderes Hotel, geprägt von einer internationalen Klientel und mit ausgesuchten Waren. Selbst in Kriegszeiten gab es Kaviar, der seinen Weg nach St. Moritz wohl im Diplomatengepäck gefunden hatte.

Glück und Fügung hatten ihre Hand im Spiel, dass ich als Jungkoch überhaupt eine Anstellung im Palace gefunden hatte. Mein Onkel war über vierzig Jahre als Personal- und Einkaufschef für das Haus tätig, mein Vater dereinst in jungen Jahren als Kassierer und so kannte ich den Hotelier, Herrn Badrutt. Das öffnete mir Achtzehnjährigem natürlich die Türe. Erst einmal durch diese Türe eingetreten, musste ich zeigen, dass ich etwas konnte. Es gab 120 Franken Lohn im Monat, bei freier Kost und Logis. In jeder Hinsicht eine karge Zeit.

Aber im Palace arbeiteten gute Köche. Der Chef unseres Teams von 25 Mann war Franzose, Michel Blanc. Ein Elsässer als Küchenchef! Alles war anders als in meiner Lehrzeit. Theoretisch war ich ausgebildet, meine Kochbücher und meine Schulhefte kannte ich beinahe auswendig. Theoretisch wusste ich also alles. Aber die Praxis ... Die Berge von Geflügel, die man ausnehmen muss. Mit der Leber macht man dies, und dann macht man die Terrinen. Das hatte ich nicht gelernt. Ananas kannte ich nur aus der Dose, und plötzlich standen die Kisten mit Ananas herum. Diese erste Saison im Palace war für mich wie eine Offenbarung und eine zweite Lehrzeit.

»Ce soir: Edith Piaf de Paris!« Es herrschte noch Krieg, und samstags war Galaabend im Palace. Eine kleine, nichtssagende Karte beschrieb das Menü, das natürlich ein fünfgängiges Galamenü war. Auf der linken Seite der Karte stand: »Ce soir: Edith Piaf de Paris«. Fertig. 1945 arbeitete ich ebenfalls im Palace, als der Waffenstillstand verkündet wurde und die Bombe auf Hiroshima fiel. Es gab ein großes Galadiner zum Ende des Krieges.

»Ich hatte das Privileg als Erster anzufangen ...«

»DER MACHT ES NICHT LANGE DA OBEN.«

Der Anfang auf dem Berg

Als ich seinerzeit die Pläne für die Corviglia sah, habe ich gedacht: »Jetzt machen die etwas in St. Moritz.« Dann bekam ich die Pacht: ein Selbstbedienungsrestaurant mit Platz für bis zu 240 Gäste und mit einer Cafeteria für achtzig Gäste. Das war die Bedingung, so war mein erster Vertrag. Und damit haben wir begonnen, während wir uns im Stillen dachten, dass es schade sei, nicht mehr aus diesem Lokal zu machen. Irgendwann haben wir dann einfach gehandelt. Vorne Service, hinten Selbstbedienung. Wir haben Servierdamen eingestellt, die in Bündner Tracht arbeiteten, und wir haben »À la Carte« angeboten.

»Der macht es nicht lange da oben«, hieß es natürlich gleich – unten im Dorf. Gänseleber, Rauchlachs, Trüffel. »Das wird auf dem Berg nicht gegessen.« Wir haben uns durchgesetzt. Zuerst mit drei Servierdamen, dann mit acht. Drei Servicedurchgänge, mittags um zwölf, dann um zwei Uhr und um halb vier Uhr. Dann kamen die guten Weine. Und schon in der ersten Saison haben wir, nur als Beispiel, 30 oder 40 Kilogramm Gänseleber hergestellt, zuletzt bis zu 250 Kilogramm.

Es hat sich bewährt, das Risiko einzugehen, denn wir konnten beweisen, dass man etwas Neues, etwas völlig anderes auf die Beine stellen kann, wenn man daran glaubt. Wir haben immer an unsere Idee geglaubt und dafür gearbeitet. Die Corviglia wurde so zu einem Schrittmacher der Berggastronomie. Die Gäste kommen, wenn's gut und besonders ist. Heute kommen bereits die Kinder und Kindeskinder unserer ersten Gäste zu meinem Sohn. Es hat sich so ergeben. Ohne es beabsichtigt zu haben, sind wir zu einem Traditionslokal geworden. Manche Gerichte auf unserer Karte gibt es seit drei Jahrzehnten. Treue Gäste verlangen mein »Carrousel« (Rezept Seite 92) seit ihrem damaligen ersten Besuch immer wieder. Diese Gäste fragen nicht, ob Schnee liegt, sie fragen nur, ob Mathis noch oben ist und das »Carrousel« macht. Oder die anderen Spezialitäten, wie das Stroganoff oder das Sauerkraut mit Fisch.

RESTAURANT

Ich habe experimentiert, jede Woche die Speisen auf der Karte gewechselt, aber letztendlich hat nur die Qualität den Ausschlag für den Erfolg der Corviglia gegeben. Und die Verpflichtung zu kompromissloser Qualität ist seit 1967 die eigentliche Tradition der Familie Mathis und der Corviglia.

Ich hatte immer viele Gäste aus Berlin. Auch Bubi Scholz kam gerne. Und dann haben wir für sie immer Kartoffeln gemacht ... große Kartoffeln in Folie, mit Sauerrahm und Kaviar. Die Berliner meinten: »Es ist langweilig, die Kartoffeln zu schälen. Pressen Sie sie einmal durch, dann essen wir das so.« Und so habe ich also die Kartoffeln geschält und durchgepresst wie Püree, habe frische Butter drauf und Sahne drunter gegeben, anschließend den Kaviar obenauf. Das ist mein Corviglia-Schnee.

Irgendwann kam der Gerd Käfer aus München zu mir und hat den Schnee bei mir gegessen. Natürlich waren auch ein paar Münchner bei mir zu Gast, Wochenende für Wochenende, und die erzählten irgendwann, den Corviglia-Schnee gäbe es beim Käfer. Der nannte es nur anders: Schnee mit Kaviar. Warum auch nicht?

»ICH HABE EINEN GUTEN NAMEN,
DENN MEINE GÄSTE SIND MEIN NAME.«

8 18 73 Des Moines Register
DES MOINES IOWA

Best Swiss Restaurant Run By Former Chicagoan

By Marian Burros
North American Newspaper Alliance)

ST. MORITZ, SWITZER-ND — The best restaurant St. Moritz is 9,000 feet ove sea level. It employs cooks, makes its own ise liver pate and is fre-nted by heavy-booted men l women.

he Marmite, above the e-line, looks out over the ctacular skiing terrain ch rises another 1,000 feet ve the glass-walled res-rant where Chicago-born rtley Mathis feeds 700 to 0 people each day be-en 11:30 a.m. and 4 p.m.

lthough it is possible to er a simple soup in the -service line, the restau-t certainly could claim the for using the most pped cream and liqueurs, ch are poured over every l of dessert.

merican skiers, who are ustomed, at best, to eat- over-done hamburgers at ow-side stand, immediate- adopt the European cus- of huge, rich lunches ch last for two hours.

nd when the light on the es is bad, the skiers ex- l the lunch break another r or more. On the theory, would suppose that the ra weight makes you des- d more quickly.

lathis, who came back to family's native Switzer- d in 1934 at the age of 6, merly was chef at the w n ' s elegant Suvretta use. He agreed to manage Marmite and act as its f five years ago.

His staff includes 45 people plus his gracious Swiss-born wife, Friedy.

Diners have included such diverse beautiful people as the Shah of Iran and his family who winter in St. Moritz, and John F. Kennedy's White House press secretary, Pierre Salinger.

A typical lunch is more than most Americans eat for dinner.

One may choose an onion soup so thick it can be cut with a knife; brioche stuffed with foie gras; Danish salmon marinated in dill or smoked salmon from Scotland.

There's a glorious Brie-type cheese called Vacherin which many find creamier and richer than the French version; also the specialty of all German-speaking Switzerland, bratwurst and roesti (roast potatoes).

Almost all of the unbelievable variety of sweets are made at the top of the mountain each day.

The same cable car that will carry skiers to the mountain top two hours later, transports the raw ingredients for the day's menu at 7 a.m.

A profusion of copper pots filled with marvelous fresh flowers, which thrive at 9,000 feet, also arrives by cable car.

Whatever the logistics of transporting the ingredients for a menu as elaborate as the finest continental restaurant, the high quality of the finished product would put most restaurateurs to shame.

Emperatriz Farah Pahlavi
Farahnaz (Shabanou)
Leila
Reza II + Frau Yasmine
Ali Reza
13.7.1995

BERGRESTAURANT CORVIGLIA
Fam. Hartly Mathis

NOTE Date

SON ALTESSE
REZA PAHLAVI
Villa Suvretta
Vitodurum

SA MAJESTE
Farah Pahlevi

Total

Winter und Sommer. Am 1. März war immer alles vorüber, die Saison war endgültig zu Ende. Wir gingen dann ins Tessin, wo die Frühlings- und Sommersaison anfing, daneben gab es den Automobilsalon in Genf, die Mustermesse in Basel, und dorthin hat man uns Köche und Küchenpersonal immer mitgenommen. Wir waren überall, wenn wir gefragt wurden: »Kommen Sie nächstes Jahr wieder?« Dorthin gingen wir, um unsere Zwischenzeiten auszufüllen, bis wir von Juni bis September wieder im Palace waren. Anschließend Tessin oder Luzern, Vierwaldstätter See – Wanderjahre, in denen ich keine Arbeit suchen musste, weil der Chef immer sagte: »Mathis, am 25. Februar kannst du aufhören, am 28. fängst du in Genf an.«

Danke, Chef. So begann für mich die Nachkriegszeit. Nach und nach besserte sich alles, und es ging aufwärts. Mit St. Moritz, mit der Schweiz und auch mit meiner Karriere. Ich wechselte für einige Saisons vom Palace in das Kulm. Als junger Mensch wollte ich alles sehen, wollte mich ausbilden, und so bin ich mit dem Küchenchef, Monsieur Blanc, in das Kulm gegangen. Während gleichzeitig über St. Moritz 1948 mit den olympischen Winterspielen der erste Höhepunkt kam. Wieder wechselte ich den Herd. Es zog mich ins nahe gelegene Suvretta House. Aber nur so lange, bis ich im Anschluss an die Saison 1950/51 meine erste Chefstelle im Hotel Krebs in Interlaken antrat. 60 Betten, ein gutes Haus im Berner Oberland – aber die Wintersaison verbrachte ich weiterhin im Suvretta, in meiner Engadiner Heimat. Ich habe sie nie für länger verlassen, auch wenn ich 1955 erneut eine Station fern der Heimat erreichte, nämlich das Hotel Schweizer Hof in der Stadt Bern, wo es erstmals in meinem Berufsleben kein Saisongeschäft gab. Und die Betriebsamkeit der Stadt war nach den langen Jahren in beschaulicher Umgebung ein Kontrast, den ich begierig annahm. Schneller als geplant rief mich das Engadin dennoch zurück: 1956 wurde die Chefstelle im Suvretta frei. Da ich das Haus kannte, bewarb ich mich und bekam den Job. Zehn Jahre und zwanzig Saisons bin ich dann dort sesshaft gewesen, bis mich 1967 der Berg rief.

Das Suvretta hatte eine sehr gute Klientel, selbst der Schah von Persien zählte zu den Gästen. Und die Kaviardosen wurden in großen Säcken angeliefert. Reza Pahlevi und Farah Diba hatten die Villa Suvretta angemietet, wir belieferten sie. Das Haus verfügt über eine schöne Küche und nicht selten kam ich persönlich zu ihm und seiner Familie rauf. Auch, nachdem er die Villa erworben hatte. Jedes Mal wurde ich am Eingang von seinen Leibwächtern penibel durchsucht, obwohl ich beinahe täglich vor der Tür stand und nur meine Waren, die für den persischen Chef de Cuisine, einem sehr netten Mann, bestimmt waren, mit mir führte. Das alles fand statt am Vorabend der Goldenen Jahre von St. Moritz.

»WIR HABEN EINFACH ANGEFANGEN«

»Wir haben immer gute Gäste gehabt«

2006
Reto Mathis

1-6

14. DEZEMBER 1967

1-32

1967 kam die Ausschreibung. Ich liebte meine Arbeit im Suvretta, sie war wunderbar, und ich ging wirklich ungern weg. Aber ich war 40 Jahre alt und sagte mir: entweder gehst du jetzt oder bist in fünfzehn Jahren immer noch da. Da meine Frau auch vom Fach ist – sie hatte das Sekretariat und den Service organisiert – stellten wir uns die Frage, wie es weitergehen soll, bewarben uns, erhielten die Pacht für das Restaurant auf der Corviglia und eröffneten schließlich im November 1967. 25 Jahre wurden es dann auf der Corviglia, von 1967 bis 1992. Eine gute Entscheidung.

»Unsere Sterne sind unsere Gäste«

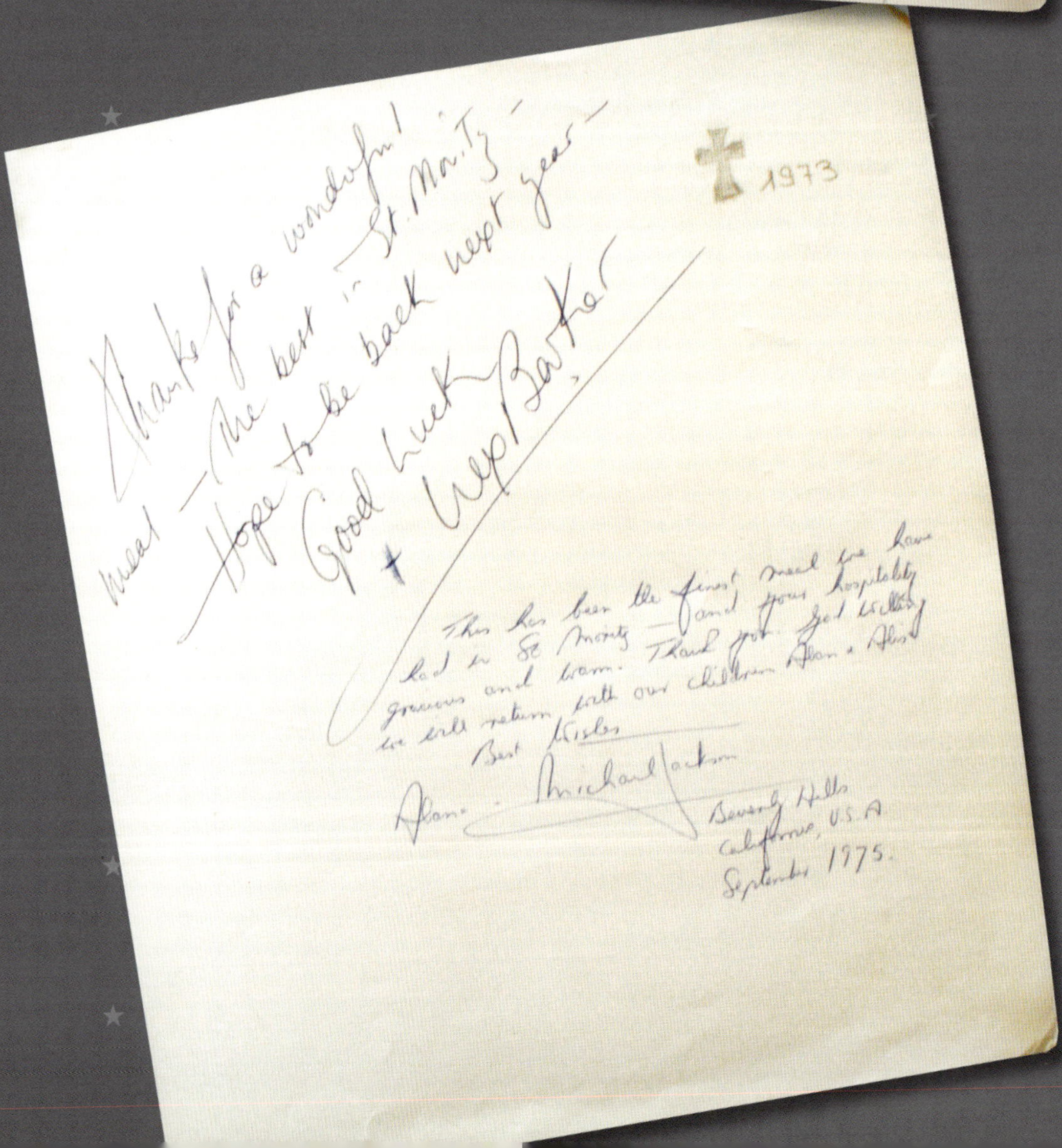
1973

Thanks for a wonderful meal – the best in St. Moritz – Hope to be back next year – Good Luck Lex Barker

This has been the finest meal we have had in St. Moritz – and your hospitality gracious and warm. Thank you. God willing we will return with our children
Best Wishes
Alan . Michael Jackson
Beverly Hills
California, U.S.A
September 1975.

Familie Mathis, 20.3.74

es war ja so ... toll gut!

Euer Helmut Zacharias
u. Hella Zacharias
u. Fam. Erhard Görisch

We brought our hearts along from San Francisco to rejuvenate them up on beautiful Corviglia and by the fabulous chef Mathis.

Philip + Ursula Cavelti
Dr. med. Allery, Palo Alto

Mit bestem Dank
und allen guten Wünschen

Herzlichst

Rudolf Schock

12.4.72

Wir haben 1967 einfach angefangen. »Wir machen Restauration auf der Corviglia«, und los ging's. Ich habe in so vielen Küchen gearbeitet, von Florida bis Paris, habe mich ausgebildet, weitergebildet und dabei stets für mein Leben gern gekocht. Und 1967 begann ich mit einem Selbstbedienungsrestaurant. Spaghetti, Würstchen, Suppen. Meine Frau und ich haben eine Bewerbung geschrieben, unsere Lebensläufe dazugelegt – unser guter Leumund war auch ganz hilfreich –, und eines Mittwochabends um acht Uhr standen wir vor der Bahnkommission, den Herren aus dem Gemeinderat. »Sie wissen, worum es geht?« Dass ich neben der Selbstbedienung unbedingt auch ein Restaurant eröffnen wollte, habe ich natürlich nicht verraten.

Es war zeitlebens mein Bestreben, nicht stehen zu bleiben, sondern etwas Neues zu machen. Aus der Küche des Suvretta House, aus einer sicheren Stellung also, hinauf auf den Berg. Vom Galadiner zur Selbstbedienung zur Gourmetküche auf über zweitausendsechshundert Metern. Inzwischen war ich schon fast zehn Jahre auf der Corviglia und entschied mich: »Ich glaube, ich fange mal mit Kaviar an.« Man kann Kaviar nämlich nicht nur löffeln, man kann ihn auf so unterschiedliche Arten servieren, wenn man ihn gerne isst. Und ich liebe Kaviar!

In den Achtzigerjahren war dann der Gault Millau sehr im Kommen. Einer seiner Tester, ein Österreicher, hatte keine besonders ausgeprägte Sympathie für das, was wir taten, und er hat eine ziemlich aggressive Kritik verfasst. Er ist über mich hergefallen. Die Graved-Lachs-Soße war ihm zu grün und die Nudeln zu weich. Ich schrieb also einen Brief an die Redaktion des Gault Millau und bot an, den Kritiker gerne erneut zu bewirten als Ausgleich für seine »Enttäuschung« und mich zu bemühen, damit ihm die Sauce nicht wieder zu grün und die Nudeln nicht zu weich wären. Aber ich bat zugleich darum, im Gourmetführer nicht mehr aufgeführt zu werden. Denn meine Frau sagte stets, unsere Gäste wären unsere Sterne. Sie hatte wieder einmal Recht.

Meine Frau war eine sehr tüchtige Wirtin. Sie führte den Service. Und der Service ist das Gesicht eines Restaurants. Meine Frau wusste, wie sie unsere Gäste platzieren musste, wusste immer, wer zu wem passt und hat auf diese Weise nicht wenige Freundschaften gestiftet. Viele unsere Gäste kommen Jahr für Jahr, bis heute, einige von ihnen seit nunmehr vier Jahrzehnten. Meine Frau und ich haben immer alles gemeinsam besprochen und dann ist jeder an seine Aufgabe gegangen, meine war die Küche und ihre war der Service. Als Küchenchef war ich hinter den Kulissen. Die Corviglia bedeutete insofern Neuland für mich, als ich mein Buffet vorne hatte, weil die Küche nicht groß genug war. Auf dem Buffet präsentierte ich meine Spezialiäten – die Gänseleber und den Kaviar. Viele meiner Speisen habe ich vorne vorbereitet, das Carrousel, die Desserts und einiges mehr. Unsere Gäste gingen also immer an mir und an meinem Buffet vorbei, sahen mir bei der Arbeit zu, sprachen mich an – das ist ungewöhnlich für die ansonsten beinahe unsichtbare Arbeitswelt eines Kochs. Es blieb nicht aus, dass ich in der Folge dann immer auch an ihre Tische gegangen bin, meine Runde gemacht habe. So wurde ich neben meiner Arbeit in der Küche zum Gastgeber, zwei wunderschöne Aufgaben, die untrennbar miteinander verbunden sind. Und mit der Zeit entwickelte sich so auch manche Freundschaft, bis heute telefonieren oder schreiben wir uns mit einigen ehemaligen Gästen der Corviglia.

Filmschauspieler und Bankdirektoren, Minister und Sportler kamen zu uns, der Schah von Persien mit Farah Diba, Peter von Jugoslawien oder der ehemalige italienische König Umberto – auch sie waren bei uns zu Gast. In fünfundzwanzig Jahren haben wir viel erlebt auf dem Berg. Aber in all der Zeit sind wir unserem Motto treu geblieben und haben unsere Gäste aus Überzeugung immer gleich behandelt, immer gleich gut, ob nun mit Krone auf dem Haupt oder mit einer Skimütze.

Immer dies und das gemacht. Immer Freude gehabt. Immer in Bewegung. Die Corviglia war rückblickend immer ein dankbarer, ein schöner Betrieb. Ich war siebenundzwanzig Jahre lang gerne Tag für Tag in der Küche, meine Frau im Restaurant: »So lange wir gerne hier raufkommen, so lange machen wir es«, hatten wir uns 1967 vorgenommen. Als mein Sohn dann so weit war, musste die Pacht neu ausgeschrieben werden. Reto hat sich beworben und einen großen Vorteil gehabt, weil die Gemeinde großen Wert drauf legte, dass es in dem Sinn, in dem ich die Corviglia aufgebaut hatte, auch weiterging. Also hat er die Pacht übernommen. Noch immer komme ich gerne hierher, arbeite dann an diesen Tagen ab acht Uhr, obwohl ich nicht mehr muss. Ich helfe in der Küche mit, mache die Patisserie, aber ich mische mich nicht ein. Natürlich beobachte ich, und wenn mir etwas auffällt, dann erlaubt es das gute Verhältnis zwischen Reto und mir schon, dass ich ihm meine Meinung sage. Er führt ja die Tradition, die ich begründet habe, weiter, fragt mitunter, wie ich das ein oder andere früher gemacht habe – aber er unternimmt auch viel Neues, und das ist wunderbar. Denn das Neue ist Teil unserer Tradition. Es ist ein Mathis-Gen, immer nach vorne zu blicken und neugierig zu bleiben, Neues aus dem Bewährten heraus zu entwickeln.

Georg Adenauer

Fair food fantastic waitress

Rock Hudson

Robert Ford II

4.7.70 Alle Teilnehmer des "Cercle International" am Swissair Lunch werden die herzliche Gastfreundschaft ebenso wenig vergessen wie der Unterzeichnete

F. Mort, Zürich
SR

Ich bin stark geprägt von der französischen Küche. Der Aufbau der Küche ist französisch, die Grundlage des Kochens ist französisch. Die Soßen und auch die Begriffe, es ist alles aufgebaut auf französischer Küche. Das hatte ich gelernt, das ist mir geblieben, weil es mich nicht nur in der Ausbildung und auf vielen beruflichen Stationen begleitet, sondern vor allem überzeugt hat. Die französische Küche basiert auf erstklassigen Waren, die so verarbeitet werden, dass sie ihren Eigengeschmack beibehalten. Die französische Küche ist eine sehr reichhaltige Küche, mit Rahm und Butter, mit Likör und Wein. Heutzutage ist die Zubereitung natürlich leichter als vor vierzig Jahren, aber die Basis ist geblieben, also die Cuisine de Marché der Jahreszeiten und die ortsbezogene Cuisine de Terroire. Ich bin also irgendwie ein Klassiker. 1992 haben wir das St. Moritz Gourmet Festival mitbegründet, ein Komitee ins Leben gerufen, natürlich einen Verein mit Statuten gegründet und uns dann auf die Suche nach Gastköchen gemacht. So kamen Kollegen wie Paul Bocuse, Hans Haas oder Dieter Müller ins Engadin. Klassiker. Mit der Jahrtausendwende habe ich dann im Jahr 2000 die Verantwortung abgegeben, denn es wurde Zeit, dass etwas Neues im neuen Jahrtausend beginnt, dass junge Köche zum Zug kommen, die ausgefallene Dinge präsentieren. Das Klassische wird stets bleiben, aber es ist nur so stark wie das Neue, das es hervorbringt.

Die Küche

Unsere regionale Engadiner Küche hier im Tal ist eher schwer und leider nicht sehr vielfältig. Wir haben zwar Land- und Viehwirtschaft, aber es wächst hier eigentlich nichts. Keine Kartoffeln, keine Früchte, man muss alles importieren und zusätzlich mit den Produkten arbeiten, die es hier gibt, also vielleicht eine Polenta machen. Fantasie ist eine Grundvoraussetzung, wenn man mit den wenigen Sachen, die es hier gibt, etwas kreieren will. Eine der Engadiner Spezialitäten ist Rindsgeschnetzeltes mit Rotwein und Steinpilzen oder ein gefülltes Schnitzel mit Rohschinken und wildem Spinat. Unsere Fische aus den Seen, beispielsweise Forellen mit Kräutern, oder die Gerstensuppe sind ebenfalls sehr bekannt. Aus einer Palette von wunderbaren Sachen, heimischen und importierten Produkten, etwas herzustellen, das ist ein Traum. Wenn man dabei Freude empfindet und eine Passion für gute Küche hat, dann ist das einfach nur schön.

Mein Mann ist für mich wie ein Sommerwind. Apassionata. Die Fähigkeiten, die man besitzt, muss man wecken und fördern. Bei meinem Mann war es das Kochen. Die Freude muss sich steigern bis zur Leidenschaft, und dann gibt es ein Feuerwerk. Ich habe immer zu meinem Mann am Ende eines Tages gesagt, dass jeder Teller ein Gedicht war, ein Bild. Was es auch immer war, es war ein Bild. Die Details sind wichtig.

Begrüßen und Verabschieden sind das A und O im Service. Die einfachsten Sachen müssen sehr gut gemacht werden. Herzlich begrüßen und sich in die Augen sehen. Ich möchte meinem Gast immer gern in die Augen schauen, dann kenne ich ihn. Wenn ich mit dem Gast vis-à-vis bin, ist er in diesem Augenblick der wichtigste Gast, alles andere verschwindet für den Moment.

Friedy Mathis

Als ich klein war, habe ich meinen Vater nicht oft zu Gesicht bekommen. Er ging um sieben Uhr morgens aus dem Haus. Da schlief ich noch. Abends um elf Uhr kam er nach Hause. Da schlief ich bereits wieder. Und so war der Sonntag für mich der Höhepunkt jeder Woche. Meine Mutter, meine Schwester und ich gingen hinauf zum Suvretta House, um meinen Vater zu besuchen. Dort erwartete mich jedes Mal eine Tasse Schokolade und ein Schinkensandwich, das mein Vater, der Küchenchef, für mich zubereitet hatte. Und dieses Sandwich ist meine erste geschmackliche Erinnerung überhaupt. Bis heute habe ich den Geschmack des Schinkens und des englischen Kastenbrotes auf der Zunge, wenn ich an diese Zeit zurückdenke.

Reto Mathis

WORLD GOURMET CLUB
2006
Reto Mathis
Hapag-Lloyd
Kreuzfahrten
MS EUROPA
LISSABON - CIVITAVECCHIA

Mein Vater wurde von seinem Beruf immer sehr in Anspruch genommen, und ich war als Kind natürlich nicht sehr begeistert davon, dass ausgerechnet mein Vater so selten Zeit für mich hatte. Als dann das Restaurant auf der Corviglia eröffnet wurde – ich war gerade zehn Jahre alt geworden – ging es bei meinem Eltern um den Aufbau ihrer Existenz. Beide arbeiteten jetzt noch mehr als zuvor und hatten für ihre Kinder verständlicherweise noch weniger Zeit. Dafür war aber allein schon die Bauphase für mich und meine Freunde spannend, die gesamte Baustelle war für uns nichts weiter als ein riesiger Abenteuerspielplatz. Ein Jahr dauerte der Umbau, bis das Restaurant seine heutige Gestalt hatte. Während dieser Zeit stand auf der Corviglia ein Provisorium, das man wohlwollend als Baracke bezeichnen könnte. Eine kleine Küche, Platz für fünfzig bis sechzig Gäste, und wenn das Wetter umschlug, brach das Chaos aus. Alle drängten in die bereits überfüllte Baracke, bis uns der Pistendienst Rudi zur Verfügung stellte, der die Tür bewachte. Rudi wurde so zum ersten »alpinen Türsteher«: Wenn zwei Gäste rausgingen, ließ er zwei durchgefrorene, hungrige Gäste hinein.

Mit der Übernahme des Restaurants durch meine Eltern begann auch meine eigene berufliche Laufbahn in der Gastronomie. Mein erster Job war der des Flaschensortierers. Ich musste das Leergut sammeln und zu unserem Lager an der Piz-Nair-Bahn bringen, in dem auch die Bauarbeiter schliefen. Das war gar nicht gut bezahlt, ebenso wenig wie mein Abräumdienst im Selbstbedienungsbereich des Restaurants ... Deutlich lukrativer war da meine Idee, zusätzlich zu den Postkarten, die meine Eltern verkauften, Ovomaltine anzubieten. Das hat mein Taschengeld merklich aufgebessert.

Meine schulischen Leistungen litten aber zwangsläufig unter diesen unternehmerischen Gehversuchen, sodass ich mich entscheiden musste, ob ich weiter das Gymnasium in Samedan besuchen oder eine Lehre absolvieren wollte. Mein Vater vereinbarte also einen Termin mit einem Berufsberater und begleitete mich nach Winterthur. Diese lange Zugfahrt und die Gespräche mit meinem Vater waren für mich ein Schlüsselerlebnis. Er wollte ja eigentlich etwas ganz anderes für meine Zukunft, darum muss es ihn große Überwindung gekostet haben, seinen eigensinnigen Sohn auf dieser Reise zu begleiten.

Nach ein paar Tagen hatte ich mich gegen die Schule und für eine Berufsausbildung entschieden. Erst wollte ich eine Kochlehre machen, dann die Hotelfachschule besuchen. Zunächst aber ging ich für ein Jahr nach Lausanne, um Französisch zu lernen.

Meine Saisonlehre absolvierte ich dann sommers in Luzern und während der Wintermonate im Suvretta House in St. Moritz. Mit den Worten »Bursche, du weißt, was ich von dir erwarte«, hatte mich mein Vater an Otto Schlegel, den Küchenchef des Palace übergeben und war verschwunden. Das war nun mein Einstieg ins Berufsleben als Unterstift und Erstlehrling: Otto Schlegel, die Koryphäe der damaligen Schweizer Gastronomie und sein Stellvertreter Anton Mosimann. Ich habe gleich zu Anfang und sehr schnell gelernt, was ich alles besser nicht tun sollte: In den ersten drei Monaten in Luzern bekam ich kaum einen Tag frei, ganz im Gegenteil hagelte es Strafwachen für allerlei Verfehlungen. Immerhin waren wir etwa dreißig Mann in der Küchenbrigade, da ging dann natürlich ab und zu die Post ab ... Aber Otto Schlegel ließ nichts durchgehen.

Auf der Hotelfachschule in Lausanne, die ich – wie ich es mir vorgenommen hatte – nach meiner Lehre besuchte, brauchte ich die Kochkurse nicht zu belegen und hatte ein wenig freie Zeit für meine große Leidenschaft, das Bobfahren. Mein Vater war 1955 Europameister im Viererbob, und ich war von Jugend an fasziniert von diesem Sport. Bis in die Junioren-Nationalmannschaft habe ich es immerhin noch geschafft, als mich mein Kellnerpraktikum ins Dorchester nach London führte, wo mein alter Lehrmeister Anton Mosimann als Küchenchef arbeitete.

Meine Mutter, die nach dem Krieg als Au-Pair-Mädchen in London gewesen war, hatte mir immer von der Zugfahrt vorgeschwärmt. Also nahm ich den Nachtzug von Basel und teilte mir die Pritsche im Viererabteil mit einer portugiesischen Familie. Theoretisch. Ich habe während der Fahrt kein Auge zugemacht. Um sechs Uhr früh ging es in Calais aufs Schiff nach Dover. Um mich herum wurde allen übel. Mittags kam ich endlich in London an und hatte meine Vorstellung von einer romantischen Zugfahrt für alle Zeiten begraben. Nach einem halben Jahr zwischen Richard Burton, Jack Nicholson, der Queen und dem saudischen Ölminister ging ich zurück an die Schule, zum abschließenden Diplomkurs. Mit den Papieren in der Tasche belegte ich dann ein Semester an der amerikanischen Hotellerie-Hochschule in Cornell und bewarb mich anschließend um eine Stelle. Eine Anstellung als Hilfskellner im New Yorker Waldorf Astoria hätte ich haben können, was zwar besser klingt als das Märchen vom Tellerwäscher, aber mangels einer Green Card blieb mir der amerikanische Traum erspart.

Zurück ins Engadin: Ich wurde Direktionsassistent im Schweizer Hof in St. Moritz, bin wieder Bob gefahren und habe im Schweizer Hof die Piano Bar eröffnet. Ich war zweiundzwanzig Jahre alt und erhielt ein Angebot, das ich nicht ablehnen konnte: Das »Altmünchen« in Togo, eine Ranch, ein Supermarkt, eine Metzgerei, Restaurant und Bar. In ganz Bayern gibt es kein so rustikales Lokal, mit in Blei gefassten Butzenscheiben und vielem mehr. Und mit zwei Lohnlisten, einer für das Personal und einer für die Regierung und die Polizei: afrikanische Verhältnisse. Aber auch ein Besuch von Franz Josef Strauß konnte gar nichts daran ändern, dass am Äquator die Sehnsucht nach Sauerkraut und Eisbein nicht sehr ausgeprägt ist, und so habe ich nach zwei Jahren aufgehört und damit begonnen, meinen Vater auf der Corviglia zu unterstützen. Ich wurde sesshaft.

Berge bedeuten für mich Geborgenheit und Heimat. Die Berge sind im Sommer romantisch, vom Sonnenaufgang bis zum Abendrot. Im Winter leben die Berge für mich dann richtig auf: Licht, Schnee, Luft – das ist reine, gewaltige Energie. Der Bergfrühling, die Zeit, in der alles aus dem Winterschlaf erwacht, ist faszinierend. Denkt man an die winterliche Kargheit, mag man kaum glauben, wie viel Leben unter der Schneedecke auf den Frühling wartet. Auf einem Berg zu sein, erweitert meinen Blickwinkel und stimuliert alle meine Sinne. Ich bin wohl ein Bergmensch. Natur, Schnee, Emotionen, Liebe, Hass und Schweiß – viele Gefühle sind mit den Bergen verbunden. Dank der Berge habe ich eine Existenz, denn die Berge ernähren meine Familie. Ja, ich bin ein Bergmensch, sonst wäre ich schon weg. Meine Frau ist am Meer aufgewachsen und kein Bergmensch, sie friert heute noch. Gegensätze ziehen sich an.

Ich koche, weil es mir Spaß macht und bin Gastronom, weil es mir Freude bereitet. Unsere Küche ist eine internationale Küche mit lokalem Charakter. Wir kombinieren regionale Produkte mit einer internationalen, manchmal exotischen Komponente, wie unser grünes Thai-Curry mit Hirsch. Nebenbei provoziere ich ganz gerne. Viele Leute haben diese Vorliebe für Insalata Caprese. Für mich existiert auf der Welt nichts Langweiligeres als Insalata Caprese, aber jedes Restaurant hat das auf der Speisekarte. Dafür bin ich nicht gemacht. Ich sage: Auf meiner Karte steht das nicht, ich mache ein Caprese mit Hummer und Trüffel. Der zweite Gast, der nach Insalata Caprese fragt, bekommt ihn dann trotzdem. Aber ich möchte gerne etwas einbringen, was es so, wie ich es mache, nicht überall gibt. Knuspriger Flammkuchen statt Pizza, den kann man süß machen, mit Fisch, mit Curry oder auch vegetarisch. Flammkuchen mit Speck ist nicht so meine Sache, aber ich habe die »Trüffelpizza« in meine Karte aufgenommen, einen Flammkuchen mit Crème fraîche, Trüffeln drin und Trüffeln drauf.

2006

Mein Vater hat sein Handwerk von der Pike auf gelernt und im In- und Ausland eine große Karriere gemacht. Ich habe einen anderen Weg eingeschlagen. Wir gehören ja auch zu verschiedenen Generationen. Das Fachwissen und die Erfahrung, die mein Vater gesammelt hat, könnte ich allein darum gar nicht kompensieren. Er ist ein Meister seines Faches, nach wie vor, und für mich auch wegen seiner Kompetenz ein großes Vorbild. In der Zeitung hat man ihn einmal den »König der Alpenköche« genannt. Jedenfalls hat er die Berggastronomie revolutioniert und das ganz ohne Marketingausbildung. Er hat seinen Erfolg seinen Visionen, seiner Küche und seiner Persönlichkeit zu verdanken.

Ich habe natürlich einen sehr starken Vater. Er hat sich sein Geschäft über 25 Jahre hinweg selbst aufgebaut und es ganz auf sich zugeschnitten. Dann kam der Sohn. Ich habe immer noch Stammgäste von damals, die mich schon als Kind kannten. Heute noch, 15 Jahre nachdem mein Vater sich aus dem Berufsleben zurückgezogen hat, fragen Gäste nach ihm. Sie sind heute meine Gäste und stehen zugleich für die Tradition, die mein Vater begründet hat. Seine Klassiker sind heute noch auf der Speisekarte zu finden. Und weil die Patisserie immer seine Passion war, kommt er auch heute noch regelmäßig auf den Berg und hilft bei der Zubereitung. Natürlich schaut er manchmal in die anderen Töpfe, aber er mischt sich nicht ein. Wir profitieren von seinen Erfahrungen. Darum suche ich auch heute noch seinen Rat in kulinarischen Fragen, seinen Rat als Vater und seinen Rat als Koch.

»ICH WUSSTE ZWAR, WAS MEIN VATER VON MIR ERWARTET, ICH HABE ABER ERST SPÄTER HERAUSGEFUNDEN, WAS MICH ERWARTET.«

CHAMPAGNE
REIMS
FRANCE

Als Gründer des »St. Moritz Topless Champagne Club« wollen wir Lebensfreude verbreiten. Darum haben wir das Säbeldiplom erfunden. Ob in der Cresta Bar, der Piano Bar oder bei Mathis, beinahe überall in St. Moritz kann man unser Säbeldiplom erwerben. Das Säbeln einer Flasche Champagner, der Säbel und die Säbelform gehen zurück auf Napoleon und seine Feldzüge. Infanteristen haben – wenn die eine Schlacht gewonnen war – zu Ehren einer Person, wohl meist einer schönen Frau, symbolisch eine Flasche Champagner mit dem Säbel geöffnet. Die Befreiung des Champagners aus der Flasche …

Bei mir auf der Corviglia kann man heiraten. Ich bin als Kapitän des höchstgelegenen Yachtclubs der Welt befugt, verschiedene Zeremonien durchzuführen. Zwar habe ich vor vielen Jahren Stunden genommen, besitze aber bis heute keinen Bootsführerschein. Dafür aber einen Motorradführerschein, was ganz praktisch ist, denn an Weihnachten möchte einer meiner Gäste mit der Harley den Berg hochfahren. Vielleicht gründe ich dann auch noch den höchstgelegenen Harley-Club der Welt. Ich mache eben gerne ungewöhnliche Dinge und schmunzle über das indignierte Kopfschütteln. Für mich ist es wunderbar, neben einer vielfältigen, hochwertigen Küche auch ein paar Ideen umzusetzen, die nicht alltäglich sind. Tradition muss nicht alt sein.

Im gleichen Winter, in dem wir das Boot auf den Berg gehievt haben, verlor ich in den Augen vieler endgültig den Verstand: Wir holten McDonalds auf die Corviglia. Leider war meine Anfangsidee eines »Ski-Throughs« nicht umzusetzen, weil es zu kompliziert gewesen wäre. Also haben wir McDonalds bei Mathis installiert. Drei laufende Meter unserer Theke im Selbstbedienungsbereich waren ab sofort Hamburgern, Cheeseburgern und Pommes vorbehalten. Das war natürlich eine kleine Sensation und ein großer Aufreger zugleich. Der höchstgelegene McDonalds. Der Mathis spinnt. Mein Vater hat vornehm geschwiegen. Aber eines Tages, als Freunde meiner Eltern bei uns zu Gast waren, hat er es sich nicht nehmen lassen und selbst die Burger für seine Gäste gebraten. Die haben anschließend natürlich die Welt nicht mehr verstanden. Aber es war gut, diese Aktion von Anfang an auf eine Saison zu beschränken, denn unsere Gäste erwarten im Engadin dann doch eher Polenta oder Gerstensuppe als Systemgastronomie mit »Chicken McNuggets«.

»ICH MUSS EIN BISSCHEN PROVOZIEREN.
ICH BIN NICHT FÜR DAS NORMALE GEMACHT,
ICH SUCHE IMMER EIN BISSCHEN DAS PROVOKATIVE.«

Math'S
Math'S
Math'S

AROMEN – GEWÜRZE – SAUCEN – TEIGE – BEILAGEN – SUPPEN

Aromen – Gewürze – Saucen – Teige – Beilagen – Suppen

Zutaten

200 g Salz
10 g Koriander, gemahlen
5 g Cayennepfeffer
5 g weißer Pfeffer, gemahlen

Zubereitung

Salz, Koriander, Cayennepfeffer und Pfeffer miteinander vermengen.

Dieses Gewürz eignet sich für jede Art von Fisch, Schalen- und Krustentieren.

FISCHGEWÜRZ

Zutaten

200 g Salz
15 g Paprikapulver (edelsüß)
10 g schwarzer Pfeffer, gemahlen

Zubereitung

Salz, Paprikapulver und Pfeffer vermischen.

Dieses Gewürz eignet sich für Geflügel, Kalb, Rind, und Schweinefleisch.

FLEISCHGEWÜRZ

Zutaten

200 g Salz
30 g Koriandersaat
15 g schwarze Pfefferkörner
5 g Kümmel
25 g Piment
10 g Wacholder
10 g Kardamomsaat

Zubereitung

Alle Zutaten in einem Mörser grob zerstoßen und mit dem Salz mischen.

Das Gewürz eignet sich für alle Arten von Wildfleisch und Wildgeflügel.

WILDGEWÜRZ

Zutaten für 4 Personen

75 g weiche Butter
5 g Petersilie, fein gehackt
5 g Thymian, fein gehackt
5 g Rosmarin, fein gehackt
5 g Basilikum, fein gehackt
5 g Oregano, fein gehackt
10 g Parmesan (Reggiano), gerieben
1 Eigelb
25 g Semmelbrösel (Mie de pain)
1 TL Zitronensaft
1 TL Worcestersauce
Tabasco
Paprikapulver
Salz und Pfeffer aus der Mühle

Kräuterkruste

Zubereitung

Die Butter mit dem elektrischen Rührbesen schaumig schlagen.

Die gehackten Kräuter und alle restlichen Zutaten unterrühren.

Mit Salz, Pfeffer, Paprika und Tabasco abschmecken.

Mein Tipp

Diese Kruste zwischen zwei Bögen Backpapier ca. 3 mm dünn ausrollen und einfrieren.

Die Kruste mit dem Backpapier auf die Größe des Fleischstückes zurechtschneiden, das Fleisch damit belegen und gratinieren.

KRÄUTERKRUSTE

Zutaten

250 g Salz
35 g Zucker
5 g Salpeter (erhältlich in der Apotheke)
5 g Paprika, gemahlen

Sel rose

Zubereitung

Alle Zutaten miteinander vermischen.

SEL ROSE

ST. MORITZ GOURMET FESTIVAL
2006
Reto Mathis
Hapag-Lloyd
Kreuzfahrten
MS EUROPA
LISSABON - CIVITAVECCHIA

GEBUNDENER KALBSJUS – JUS DE VEAU LIÉ

Gebundener Kalbsjus – Jus de veau lié

Zutaten für ca. 1 l

2 kg Kalbsknochen, grob zerhackt
100 ml Erdnussöl
200 g Zwiebeln
100 g Knollensellerie
200 g Karotten
50 g Lauch
Das Gemüse jeweils geschält und in 1 cm dicke Würfel geschnitten
2 EL Tomatenmark
30 g Weißmehl
200 ml Rotwein
1,5 l Wasser oder Rinderbrühe
2 Nelken
3 Wacholderbeeren
1 TL schwarze Pfefferkörner
1 Lorbeerblatt
1 EL Salz
1 Zweig Thymian
1 Zweig Rosmarin
einige Butterflocken

Zubereitung

Die Kalbsknochen mit dem Erdnussöl in eine Braisière (gusseiserne Schmorpfanne mit Deckel) geben und im auf 180 °C vorgeheizten Backofen ca. 30 Minuten kräftig rösten. Die Knochen dann herausnehmen und das Fett abgießen.

Im gleichen Gefäß die Zwiebeln, die Karotten und den Sellerie ebenfalls goldbraun anrösten.

Den Lauch zufügen, kurz mitschwitzen, mit dem Tomatenmark vermengen, mit Mehl bestäuben, abrösten und mit Rotwein ablöschen.

Die Sauce mit dem Wasser oder der Brühe aufgießen, die restlichen Gewürze zugeben und leicht köchelnd auf die Hälfte reduzieren.

Die Sauce durch ein feines Sieb passieren, abschmecken und mit dem Stabmixer unter Beigabe von Butterflocken vollenden.

Mein Tipp

Den Jus in größeren Mengen zubereiten, dann in Eiswürfelformen füllen und einfrieren. Sehr praktisch zum Weiterverwenden.

HOLLANDAISE MATHIS

Hollandaise Mathis

Zutaten für 4 Personen

30 g Schalotten, gehackt
50 ml Weißwein
50 ml Weißweinessig
3 schwarze Pfefferkörner, zerstoßen
400 g Butter, flüssig
4 Eigelbe
Saft von 1 Zitrone
Wasser
Tabasco
Worcestersauce
Salz
Pfeffer aus der Mühle

Zubereitung

Für die Reduktion die Schalotten, den Weißwein, den Weißweinessig und den Pfeffer in einer kleinen Kasserolle auf ein Viertel der Menge reduzieren, dann durch ein feines Sieb passieren.
Die Butter in einer Kasserolle bei schwacher Hitze zum Schmelzen bringen.
Das Eigelb mit der Reduktion in eine Schüssel geben und im Wasserbad schaumig schlagen bis eine feste und kompakte Sabayon entsteht.
Unter ständigem Rühren vorsichtig und langsam die flüssige Butter unterschlagen.
Wenn die Sauce zu dick wird oder zu gerinnen droht, mit etwas Wasser verdünnen.
Die Sauce mit Zitronensaft, Tabasco, Worcestersauce, Salz und Pfeffer aus der Mühle abschmecken.
Die Sauce warm stellen – ohne sie zu kochen!

Mein Tipp

Für Sauce Béarnaise etwas frisch gehackten Estragon unter die Eigelb-Reduktion mischen.
Eine Sauce Mousseline entsteht durch die Zugabe von Schlagsahne.

TRÜFFELSAUCE CORVIGLIA

Trüffelsauce Corviglia

Zutaten für 500 ml

10 ml Olivenöl
50 g Schalotten, gewürfelt
50 ml roter Portwein
50 ml Sherry
50 ml Madeira
50 ml Rotwein
50 g getrocknete Steinpilze
1 Zweig Thymian
1 Zweig Rosmarin
400 ml Kalbsjus
20 g frischer Trüffel
10 g Trüffelöl oder Trüffelbutter
2 EL Maizena-Stärke, mit Wasser oder Rotwein angerührt (zum Binden)

Zubereitung

Für die Reduktion das Olivenöl in einer Kasserolle erhitzen, die Schalottenwürfel darin glasig dünsten. Die Schalotten mit Portwein, Sherry, Madeira und Rotwein aufgießen.

Die Steinpilze (ohne sie einzuweichen), den Thymian und den Rosmarin dazugeben und alles auf ein Drittel reduzieren.

In einem weiteren Topf den Kalbsjus zum Kochen bringen, die Reduktion durch ein mit einem Küchentuch ausgelegtes feines Sieb zum Kalbsjus passieren und nochmals 5 Minuten leicht köcheln lassen.

Den Trüffel direkt in die Sauce hobeln und mit einem Schneebesen das Trüffelöl oder die Trüffelbutter aufmontieren.

Die Sauce mit der angerührten Stärke binden und nochmals gut aufkochen.

TRÜFFELDRESSING CORVIGLIA

Trüffeldressing Corviglia

Zutaten für ca. 500 ml

1 EL milder Savorasenf
200 ml Rotweinessig
1 EL Kikkoman Sojasauce
200 ml Olivenöl, extra vergine
200 ml Baumnussöl
1 SL gehackte Petersilie
1 Prise Knoblauch
Salz
Pfeffer aus der Mühle
20 g frisch gehackter Trüffel

Zubereitung

Den Savorasenf, den Rotweinessig und die Sojasauce mit dem Stabmixer verrühren.

Vorsichtig das Olivenöl und das Baumnussöl untermischen, die Sauce mit Petersilie, Knoblauch, Salz und Pfeffer aus der Mühle abschmecken.

Den fein gehackten Trüffel mit einem Schneebesen unterziehen.

SAUCE SUPRÊME

Sauce suprême

Zutaten für 500 ml

20 g Butter
50 g Schalotten, gewürfelt
1 EL Mehl
50 ml Weißwein
300 ml Geflügelbrühe (Rezept siehe Seite 84)
1 Zweig Thymian
100 ml Sahne
Salz
Pfeffer aus der Mühle

Zubereitung

Die Butter in einer kleinen Kasserolle schmelzen, die Schalotten darin glasig dünsten und mit Mehl bestäuben bis eine Mehlschwitze entsteht.

DIe Mehlschwitze mit Weißwein ablöschen und mit der Geflügelbrühe aufgießen.

Den Thymian zugeben und die Sauce auf die Hälfte reduzieren.

Die Sauce durch ein feines Sieb passieren, mit Sahne verfeinern und mit Salz und Pfeffer aus der Mühle abschmecken.

GRAPPAJUS

Grappajus

Zutaten für 500 ml

500 ml Kalbsjus (Rezept siehe Seite 62)
1 Zweig Rosmarin
1 Zweig Thymian
50 ml Portwein
50 ml Grappa

Zubereitung

Alle Zutaten mit Ausnahme des Grappas in einer kleinen Kasserolle bei schwacher Hitze 5 Minuten köcheln lassen.

Den Jus durch ein feines Sieb passieren.

Den Jus kurz vor dem Servieren mit dem Grappa verfeinern.

DILLSENFSAUCE

Dillsenfsauce

Zutaten für ca. 1 l

400 g milder Senf
250 g Zucker
100 ml Naturjoghurt (Joghurt nature)
200 ml Kräuteressig
10 g Dill, getrocknet
oder 100 g frisch gezupfter Dill
Salz zum Abschmecken

Zubereitung

Alle Zutaten in einer Schüssel gut verrühren und kühl aufbewahren.

Mein Tipp

Diese Sauce passt ausgezeichnet zu Graved Lachs.

ITALIAN DRESSING MATHIS

Italian Dressing Mathis

Zutaten für ca. 1 l

250 ml Rotweinessig
100 ml Wasser
600 ml Sonnenblumenöl
1 Knoblauchzehe
1/2 Zwiebel, geschält und gewürfelt
1 EL Grey Poupon Senf
1 TL Worcestershire-Sauce
1 TL Salz
1/2 TL schwarzer Pfeffer, gemahlen

Zubereitung

Alle Zutaten miteinander vermischen und in einem Gefäß 2 Tage ziehen lassen.
Das Dressing verrühren und in Flaschen abfüllen.

Mein Tipp

Dieses Italian Dressing ist im Kühlschrank in Flaschen abgefüllt 3 bis 4 Wochen haltbar.
Vor Gebrauch die Flasche gut schütteln, da sich das Öl leicht absetzt.

RETO´S ROCKSUGARDRESSING

Reto´s Rocksugardressing

Zutaten für 4 Personen

50 g Kandiszucker, im Mörser oder in der Küchenmaschine fein zerkleinert
50 ml Mirin (süßer japanischer Reiswein)
25 ml Kikkoman Sojasauce, salzig
15 ml Kikkoman Sojasauce, salzreduziert
25 ml Weißweinessig
25 ml frisch gepresster Zitronensaft
15 ml Fischsauce
1 TL frischer Ingwer
1 TL eingelegter Ingwer (»pickled«)
1 TL Austernsauce
40 g Zwiebeln, gehackt
5 g Koriandergrün

Zubereitung

Alle Zutaten mit Ausnahme des frischen Korianders in einer Kasserolle bei schwacher Hitze köcheln bis die Zwiebeln weich sind.

Achtung: Das Dressing darf nicht kochen!

Das abgekühlte Rocksugardressing mit dem frischen Koriander verfeinern.

PESTO CORVIGLIA

Pesto Corviglia

Zutaten für 4 Personen

20 g Pinienkerne
80 g frisches Basilikum
1 Knoblauchzehe
150 ml Olivenöl
70 g Parmesan, gerieben
Salz
Pfeffer aus der Mühle

Zubereitung

Die Pinienkerne in einer Bratpfanne bei schwacher Hitze goldbraun rösten.

Die Basilikumblätter vom Stiel befreien.

Die Knoblauchzehe und die Pinienkerne in einen Mixer geben und mit dem Olivenöl mixen.

Den Parmesan zu der Mischung geben und wiederum gut mixen.

Das Pesto mit Salz und schwarzem Pfeffer aus der Mühle abschmecken.

MORCHELRAHMSAUCE

Zutaten für 4 Personen

25 g Morcheln, getrocknet
10 g Butter
50 g Schalotten, gewürfelt
10 ml Cognac
100 ml Kalbsjus (Rezept siehe Seite 62)
200 ml Sahne
Salz
Pfeffer aus der Mühle

Zubereitung

Die Morcheln 3 bis 4 Stunden in kaltem Wasser einweichen.
Die Butter in einem kleinen Topf schmelzen und die Schalottenwürfel darin glasig dünsten.
Die eingeweichten Morcheln aus dem Wasser nehmen und gut ausdrücken. Das Wasser beiseite stellen.
Die Morcheln zu den Schalotten geben und kurz mitschwitzen. Alles mit Cognac ablöschen und mit dem Kalbsjus sowie der Sahne aufgießen.
Das Morchelwasser durch ein mit Küchentuch ausgelegtes feines Sieb passieren, zu der Sauce geben und bei schwacher Hitze 5 bis 10 Minuten köcheln lassen.
Die Morchelrahmsauce mit Salz und Pfeffer aus der Mühle abschmecken.

PILZRAHMSAUCE

Zutaten für 4 Personen

50 g Butter oder Olivenöl
50 g Schalotten, gewürfelt
100 g frische Champignons, in Scheiben geschnitten
50 g Pfifferlinge oder Stockschwämmchen, geputzt
50 g Steinpilze, geputzt und grob gehackt
20 ml Cognac
200 ml Sauce Béchamel
50 ml Sahne
1 TL Thymian, gehackt
1 EL Petersilie, gehackt
Salz
Pfeffer aus der Mühle

Zubereitung

Die Butter in einer Bratpfanne erhitzen. Die Schalottenwüfel darin glasig dünsten, dann alle Pilze dazugeben und zwei Minuten garen.
Die Sauce mit Cognac ablöschen, dann mit dem Rahm und der Sauce Béchamel aufgießen.
Die Pilzrahmsauce weitere 5 Minuten bei schwacher Hitze köcheln lassen, dann mit den Kräutern, Salz und Pfeffer aus der Mühle abschmecken.

BEURRE BLANC – WEISSE BUTTERSAUCE

Beurre blanc – Weiße Buttersauce

Zutaten

50 ml Weißwein
50 ml Weißweinessig
100 ml Fischfond
50 g Schalotten, fein gehackt
250 ml Sahne
120 g Butter
Küchenkräuter, z. B. Schnittlauch, Dill oder Basilikum
Salz
Pfeffer aus der Mühle
Pernod zum Abschmecken

Zubereitung

Den Weißwein mit dem Essig, dem Fischfond und den gehackten Schalotten aufkochen und um die Hälfte reduzieren.
Die Sahne zu der Sauce geben und leicht einkochen.
Die Kasserolle vom Herd nehmen. Mit dem Stabmixer langsam die Butter unter die Sauce ziehen.
Achtung: Die Sauce jetzt nicht mehr aufkochen, da sie sonst gerinnt.
Die Sauce mit den Kräutern abschmecken und mit Salz, Pfeffer aus der Mühle und Pernod verfeinern.

Mein Tipp

Schnittlauch, Dill, Basilikum oder Safran geben der Grundsauce einen sehr feinen Geschmack.
Für eine Safran-Buttersauce werden die Safranfäden mit dem Weißwein-Fischfond gekocht.

TAGES-SPECIAL
ÄLPLER MACCHERONI
FR. 14.50

Zutaten für ca. 1 kg

80 g Zucker
500 ml Milch
100 g flüssige Butter
200 g Mehl
3 Eier
3 Eigelb
1 Prise Salz

Zubereitung

Alle Zutaten in der Küchenmaschine gut miteinander vermischen bis ein glatter Teig entsteht.
Die Pfannkuchen in kleiner Teflon- oder Crêpepfanne beidseitig ausbacken.

Mein Tipp

Fein geriebene Zitronen- oder Orangenschale verleihen dem Crêpeteig mehr Aroma.
Die Butter im Teig macht ein nochmaliges Ausbuttern der Pfanne überflüssig.

PFANNKUCHENTEIG

Zutaten für ca. 1 kg

200 g Butter
300 g Mehl
500 ml Wasser
1 Prise Salz
10 Eier

Zubereitung

Aus der Butter und dem Mehl eine Mehlschwitze (»Roux«) herstellen.
Das Wasser zur Mehlschwitze geben.
Den Teig salzen und mit einem Holzspatel zu einer festen Masse rühren.
Sobald ein kompakter Teig entstanden ist, die Eier einzeln und vorsichtig darunterziehen und einrühren.

Mein Tipp

Brandteig ist sehr vielseitig. Er kann in den verschiedensten Formen und Zubereitungen präsentiert werden. Von Croq'en bouche über Choux bis zu Gnocchi findet er überall Verwendung.

BRANDTEIG

BUCHWEIZEN-BLINIS

Zutaten für 4 bis 6 Personen

100 ml Milch
25 g Hefe
50 g Weißmehl
200 g Buchweizenmehl
100 g Butter, flüssig
6 Eier
4 Eiweiß
Salz
schwarzer Pfeffer aus der Mühle
100 ml saure Sahne
etwas Butter für die Pfanne

Buchweizen-Blinis

Zubereitung

Die Milch in einer Kasserolle erwärmen und die Hefe darin auflösen.

Das Mehl, das Buchweizenmehl, die flüssige Butter und die Eier unterrühren.

Die Eiweiß mit einer Prise Salz steif schlagen und mit der sauren Sahne unter den Blinisteig heben. Den Teig nach Geschmack mit schwarzem Pfeffer aus der Mühle würzen.

Den Teig in einer heißen, gebutterten Blinispfanne anbacken und im auf 180 °C vorgeheizten Backofen fertig backen.

(Alternativ den Teig auf ein heißes, gebuttertes Kuchenblech gießen und mit einer Ringform rund ausstechen.)

Dann Teig während des Backens immer wieder mit flüssiger Butter bepinseln.

Zutaten

125 ml Milch
25 g Hefe
450 g Mehl
2 Eier
150 g weiche Butter
$^1/_2$ TL Zucker
1 TL Salz
etwas Butter und Mehl für die Backform

Brioche Corviglia

Zubereitung

Die Milch in einem kleinen Topf leicht erwärmen und die Hefe darin auflösen.
Das Mehl in eine Schüssel sieben und eine Mulde in die Mitte drücken. Die Eier, die Butter, den Zucker und die Hefe-Milch-Mischung zugeben. Das Salz am Rand entlangstreuen.
Die Mischung zu einem kompakten Teig verkneten und an einem warmen Ort ca. 1 Stunde gehen lassen.
Den Teig in eine gebutterte und mehlierte Kastenform geben oder zu kleinen Kugeln formen und auf ein mit Backpapier belegtes Backblech geben.
Den Teig nochmals 30 Minuten gehen lassen.
Die Kastenform im auf 180 °C vorgeheizten Backofen 25 bis 30 Minuten, die Kugeln 20 Minuten backen.

Mein Tipp

Der Briocheteig ist fertig, sobald an einem kleinen Holzspießchen beim Einstechen keine Teigrückstände mehr zu erkennen sind.

BRIOCHE CORVIGLIA

EINGELEGTE KIRSCHTOMATEN

Zutaten

Für die Marinade

2 Zwiebeln, grob gehackt
1 Knoblauchzehe, gepresst
1 Zweig Zitronengras, gehackt
1 Zweig Thymian
1 Zweig Rosmarin
5 g schwarze Pfefferkörner
4 Wachholderbeeren
250 ml Weißwein
250 ml weißer Balsamicoessig
750 ml Wasser
1 EL Salz
2 EL Zucker

500 g Kirschtomaten mit Stiel

Zum Garnieren

1 Zweig Rosmarin
1 Zweig Thymian

Eingelegte Kirschtomaten

Zubereitung

Die Marinadezutaten in eine Kasserolle geben und aufkochen. Die Marinade auf die Hälfte reduzieren und durch ein feines Sieb passieren.

Die Kirschtomaten waschen und mit Stielansatz in ein großes Einmachglas legen. Die heiße Marinade aufgießen und das Glas gut verschließen.

Das Glas in einen mit einem Küchentuch ausgelegten hohen Topf stellen, den Topf zur Hälfte mit Wasser füllen. Das Wasser zum Kochen bringen und 5 Minuten kochen lassen (sterilisieren).

Den Topf vom Herd nehmen und das Glas darin auskühlen lassen.

Die Tomaten ca. 1 Woche ziehen lassen und mit Rosmarin und Thymian garniert servieren.

Mein Tipp

Die eingelegten Tomaten eignen sich als Beilage zu Vorspeisen, Salaten oder als Pastasauce.

Im Kühlschrank halten sich die Tomaten 3 bis 4 Wochen.

KARTOFFELPÜREE

Zutaten für 4 Personen

600 g Kartoffeln
150 ml Milch
150 ml Sahne
100 g Butter
Salz
Pfeffer aus der Mühle
Muskatnuss

Kartoffelpüree

Zubereitung

Die Kartoffeln waschen, schälen, in Würfel schneiden, in Salzwasser weich kochen und durchpassieren.
Die Milch mit der Sahne aufkochen und die passierten Kartoffeln daruntermischen.
Das Püree mit Butter, Salz, Pfeffer aus der Mühle und Muskat abschmecken.
Achtung: Die Flüssigkeitsmenge richtet sich nach der Kartoffelsorte und ist daher variabel.

Mein Tipp

Gibt man etwas mehr Butter und Sahne, außerdem gehackten Trüffel und etwas Trüffelöl zu, lässt sich dieses Kartoffelpüree zu einem wundervollen Kartoffel-Trüffel-Mousseline verfeinern.

KARTOFFELGRATIN

Zutaten für 4 Personen

80 g Butter
1 Knoblauchzehe
800 g Kartoffeln
250 ml Sahne
250 ml Milch
Salz
Pfeffer aus der Mühle
Muskatnuss
50 g Parmesan, gerieben

Kartoffelgratin

Zubereitung

Eine Pyrex- oder Gratinform kräftig mit der Hälfte der Butter und der Knoblauchzehe ausreiben.
Die geschälten und geschnittenen Kartoffeln in einer Schüssel mit der Sahne und der Milch vermischen, mit Salz, Pfeffer und Muskatnuss abschmecken.
Die Kartoffelmischung in die Gratinform füllen, die restliche Butter in Flocken daruntermischen. Alles mit Parmesan bestreuen.
Das Gratin im auf 180 °C vorgeheizten Backofen 45 bis 50 Minuten garen.

Zutaten für 4 Personen

250 g Weizenmehl
250 g Weizendunst (gemahlener Weizen mittlerer Körnung) oder Weizengrieß
8 Eigelb
1 EL Olivenöl, extra vergine
Salz
Wasser nach Bedarf

Zubereitung

Das Mehl, den Weizendunst (den Weizengrieß), die Eigelb, das Olivenöl und das Salz miteinander vermengen und mit etwas Wasser zu einem festen, elastischen Teig verkneten.
Den Teig ca. 30 Minuten abgedeckt ruhen lassen und dann verarbeiten.

NUDELTEIG

Zutaten

400 g Knollensellerie, geschält
300 ml Milch
200 g Kartoffeln
100 ml Sahne
50 g Butter
Salz
Pfeffer aus der Mühle
Muskat

Zubereitung

Den Knollensellerie in kleine Würfel schneiden und in der Milch weich garen.
Den garen Sellerie aus der Milch nehmen, die Milch auf die Hälfte reduzieren.
Die Kartoffeln waschen, schälen und in Salzwasser weich kochen.
Die Sahne zu der Selleriemilch geben und aufkochen.
Den Sellerie und die weich gegarten Kartoffeln durch eine Kartoffelpresse in die Selleriesahne passieren.
Das Püree mit Butter, Salz, Pfeffer aus der Mühle und Muskat abschmecken.

SELLERIEPÜREE

Zutaten für 4 Personen

250 ml Milch
250 ml Geflügelbrühe (Rezept siehe Seite 84)
Salz
Pfeffer aus der Mühle
100 g Polenta Bramata
30 g Grieß (Semolina)
50 g Fontinakäse, geraffelt
20 g Parmesan, gerieben
30 g Butter

Zubereitung

Die Milch mit der Geflügelbrühe aufkochen und mit Salz und Pfeffer aus der Mühle abschmecken.
Die Polenta Bramata und den Grieß in die kochende Flüssigkeit rühren, 2 Minuten gut durchkochen.
Die Polenta im zugedeckten Topf bei schwacher Hitze 35 bis 40 Minuten ziehen lassen.
Den Käse und die Butter unter die weich gekochte Polenta mischen und abschmecken.

Mein Tipp

Die Polenta kann mit verschiedensten Aromen verfeinert werden, z. B. mit Tartufata und Trüffelöl, mit einem Thymianzweig, Rosinen und Honig, Vanille, Orangenzeste und Saft. Der Fantasie sind keine Grenzen gesetzt.
Bereiten Sie stets mehr Polenta vor, als Sie benötigen. Den Rest können Sie am nächsten Tag in Scheiben geschnitten und durch ein verquirltes Ei gezogen »al salto« in Butter ausbraten.

POLENTA BRAMATA – BÜNDNER POLENTA

Polenta Bramata – Bündner Polenta

FEIGENSALAT

Zutaten für 4 Personen

250 g getrocknete Feigen
250 g Äpfel (Golden Delicious)
100 ml Portwein
10 g Currypulver, mild
200 g Naturjoghurt (Joghurt nature)
Salz
Pfeffer aus der Mühle

Feigensalat

Zubereitung

Die Feigen von den harten Stielansätzen befreien und in ca. 1 cm große Würfel schneiden.
Die Äpfel waschen, schälen, entkernen und ebenfalls in gleich große Würfel schneiden.
Die Äpfel mit den Feigen vermengen. Den Portwein und das Currypulver darübergeben und 24 Stunden zugedeckt im Kühlschrank marinieren.
Kurz vor dem Servieren den Joghurt unter den Salat mischen und mit Salz und Pfeffer aus der Mühle abschmecken.

PORTWEINGELEE

Zutaten für 500 ml

5 Blatt Gelatine
Wasser zum Einweichen der Gelatine
250 ml Portwein
50 ml Marsala
50 ml Sherry
250 ml Wasser

Portweingelee

Zubereitung

Die Gelatine in kaltem Wasser einweichen.
Portwein, Marsala und Sherry mit dem Wasser in einer Kasserolle aufkochen.
Die Gelatine ausdrücken und in die Flüssigkeit geben.
Das Gelee gut umrühren und abkühlen lassen.

Zutaten für 4 Personen

400 g Tomaten
200 g Salatgurken
50 g Paprika
50 g Zwiebeln
1 Knoblauchzehe
50 g Weißbrot, entrindet
50 ml Olivenöl, extra vergine
50 ml Wasser
20 ml Kräuteressig
1 El Ketchup
1 El Mayonnaise
Salz, Pfeffer, Oregano, Worcestersauce

Zubereitung

Alle Zutaten mit Ausnahme von Mayonnaise, Salz, Pfeffer, Oregano und Worcestersauce in einem zugedeckten Gefäß 1 Tag kalt stellen.
Einen Teil des Gemüses und des Brots in kleine Würfel schneiden und beiseite stellen. Vor dem Servieren als Einlage verwenden.
Die Mischung in einem Mixer pürieren, die Mayonnaise zugeben.
Die Gazpacho mit Salz, Pfeffer, Oregano und Worcestersauce abschmecken.
Die Gazpacho kalt servieren.

Gazpacho Andaluz

GAZPACHO ANDALUZ

Zutaten

1 Suppenhuhn (ca. 1 kg), küchenfertig
1 Zwiebel, ungeschält
2 l Wasser
1 Bund Suppengrün
1 Karotte
1/4 Knollensellerie
1 kleines Stück Lauch
1 kleiner Bund frische Petersilie
Schwarzer Pfeffer, ganz
1 Lorbeerblatt
1 Nelke
1 Zweig Thymian
Salz
Pfeffer

Zubereitung

Das Huhn unter kaltem Wasser abspülen.
Die Zwiebel halbieren und die Schnittseiten in einer heißen Pfanne scharf anrösten.
In einem Steinguttopf (Marmite) das Wasser zum Kochen bringen, das Suppenhuhn ca. 30 Sekunden darin blanchieren und mit kaltem Wasser gut abspülen. Die Flüssigkeit weggießen.
Das Huhn wieder in die Marmite geben, mit kaltem Wasser bedecken und langsam zum Sieden bringen.
Das Gemüse und die Kräuter in die Brühe geben und 1 1/2 bis 2 Stunden köcheln lassen. Dabei die Brühe immer wieder abschäumen.
Die Brühe je nach gewünschter Intensität reduzieren und mit Salz und Pfeffer abschmecken.

Geflügelbrühe

GEFLÜGELBRÜHE

POLENTA-TRÜFFEL-SUPPE

Zutaten für 4 Personen

400 ml Milch
400 ml Rinder- oder Geflügelbrühe
(Rezept siehe Seite 84)
50 g Polenta Bramata
10 g Hartweizengrieß
200 ml Sahne
1 EL Tartufata (Trüffelcreme)
10 g Trüffel, gehackt
1 El Trüffelöl
Salz
Pfeffer aus der Mühle
Muskat

Zubereitung

Die Milch mit der Brühe in einer großen Kasserolle aufkochen.

Die Polenta und den Grieß mit einem Schneebesen in die kochende Flüssigkeit rühren und bei schwacher Hitze 45 Minuten quellen lassen.

Die fertige Polenta mit der Sahne, der Tartufata, dem gehackten Trüffel und dem Trüffelöl verfeinern.

Die Trüffelpolenta mit Salz, Pfeffer aus der Mühle und Muskat abschmecken.

ZWIEBELSUPPE CORVIGLIA

Zutaten für 4 Personen

300 g Zwiebeln
1 Knoblauchzehe
20 ml Olivenöl
30 g Butter
20 g Mehl
50 ml Weißwein
1 l Rinderbrühe
Salz
Pfeffer aus der Mühle
Muskat
4 Scheiben Toast
80 g Fontinakäse, geraffelt
1 EL Petersilie, gehackt

Zubereitung

Die Zwiebeln in feine Streifen schneiden. Den Knoblauch schälen und auspressen. Das Olivenöl und die Butter in einem Steinguttopf (Marmite) erhitzen. Darin die Zwiebelstreifen und den zerdrückten Knoblauch goldbraun anbraten.

Die Zwiebelmischung mit Mehl bestäuben und rösten, bis das Mehl Farbe angenommen hat.

Die Mehlschwitze mit Weißwein ablöschen und mit Rinderbrühe auffüllen. 1 Stunde kochen lassen. Mit Salz, Pfeffer aus der Mühle und Muskat würzen.

Die Suppe in vier vorgewärmte Suppentassen füllen. Die Tassen mit je 1 gerösteten Weißbrotscheibe und geriebenem Fontinakäse abdecken und unter dem Backofengrill (Oberhitze) gratinieren.

Die gratinierte Suppe mit einem Spritzer Weißwein und gehackter Petersilie garnieren.

Zutaten für 4 Personen

2 Hummer, lebend
Öl zum Anbraten
50 g Zwiebeln
50 g Karotten
50 g Sellerie
50 g Lauch
Das Gemüse jeweils in 2 cm große Würfel geschnitten
1 Zweig Petersilie
30 g Tomatenmark
2 EL Mehl
100 ml Cognac
1 l Gemüse- oder Rinderbrühe
100 ml Sahne
30 g Hummerbutter
2 cl Pernod
Salz
Pfeffer aus der Mühle
1 Zweig Dill

Zubereitung

Die Hummer mit dem Kopf voran in sprudelnd kochendes Wasser geben und 5 Minuten kochen.
Die Hummer aus dem Wasser nehmen, mit einem großen Küchenmesser der Länge nach halbieren, Darm und Innereien entfernen und auswaschen.
Das Öl in einer Kasserolle erhitzen und den Hummer darin ca. 3 Minuten beidseitig anbraten.
Das Gemüse und die Petersilie dazugeben und ebenfalls gut mitrösten.
Die Hummermischung mit dem Tomatenmark tomatieren, mit dem Mehl bestäuben, kurz abrösten, dann mit dem Cognac ablöschen und der Brühe aufgießen.
Die Hummerhälften nach 10 Minuten herausnehmen, das Fleisch auslösen.
Die Hummerschalen (Karkassen) wieder in den Topf geben und weitere 60 Minuten köcheln lassen.
Den Hummerfond durch ein Sieb passieren, in einer Kasserolle auf die gewünschte Intensität reduzieren und die Sahne beigeben.
Die Hummerbutter und den Pernod mit einem Stabmixer unter die Bisque mixen und mit Salz und Pfeffer aus der Mühle abschmecken.
Die Hummerbisque und das Hummerfleisch auf vorgewärmten Suppentellern anrichten und mit einem Zweig Dill garnieren.

Gourmet-Magazine-Hummer-Bisque

GOURMET-MAGAZINE-HUMMER-BISQUE

VORSPEISEN

Vorspeisen

CAPRESE VON HUMMER UND TRÜFFEL

Caprese von Hummer und Trüffel

Zutaten für 4 Personen

5 l Wasser
1 Karotte
½ Fenchelknolle
1 Zwiebel
1 Lorbeerblatt
3 Pimentkörner
5 schwarze Pfefferkörner
2 Hummer, lebend
20 g Trüffel
einige Salatblätter
100 ml Trüffeldressing (Rezept siehe Seite 64)
Olivenöl, extra vergine
Fleur de Sel (Meersalz)
Pfeffer aus der Mühle

Zubereitung

Das Wasser mit der Karotte, derm Fenchel, der Zwiebel, dem Lorbeerblatt, den Piment- und Pfefferkörnern in einem großen Topf zum Kochen bringen und 30 Minuten ziehen lassen.

Die lebenden Hummer in die Courtbouillon geben und ca. 1 Minute sieden lassen. Den Topf vom Herd nehmen und die Hummer in der Bouillon ca. 30 Minuten abkühlen lassen.

Das Hummerfleisch ausbrechen und mehrmals bis zur Hälfte schräg einschneiden.

Den Trüffel in 1 bis 2 mm dicke Scheiben hobeln und in die Schnitte im Hummer stecken.

Die Servierteller mit einigen Salatblättern garnieren.

Das Hummerfleisch in einem weiteren Teller mit etwas Trüffeldressing marinieren und kurz im Backofen erwärmen.

Das lauwarme Hummerfleisch auf den Salatblättern anrichten und mit dem Trüffeldressing, dem Olivenöl, dem Fleur de Sel und Pfeffer aus der Mühle würzen.

Mein Tipp

Übrige Karkassen mit der Courtbouillon reduzieren und für die nächste Hummersauce oder Suppe verwenden.

Zutaten für 4 Personen

200 g Gänseleberterrine
200 g Entenlebermarmor mit grünem Pfeffer (Rezept siehe Seite 97)
200 g Graved Lachs (Rezept siehe Seite 98)
200 g geräuchertes Wildlachsfilet (Comestibles)
100 g Hummersalat Caprese (Rezept siehe Seite 90), mariniert in 50 ml Trüffeldressing (Rezept siehe Seite 64)
100 g Portweingelee, in Würfel geschnitten (Rezept siehe Seite 82)
150 g Feigensalat (Rezept siehe Seite 82)
100 ml Dillsenfsauce (Rezept siehe Seite 67)
10 g Meerrettich, gerieben
30 g Schlagsahne
30 g Zwiebeln, in feine Ringe geschnitten
30 g Salzgurken, in Streifen geschnitten

Zum Garnieren

einige Salatblätter
1 Baby-Apfel
4 Zitronenschnitze
frischer Dill
Kapernäpfel

Zubereitung

Die Gänseleberterrine und das Entenlebermarmor in je 4 Tranchen schneiden.

Den Graved Lachs, das Wildlachsfilet und den Hummersalat ebenfalls in 4 Portionen teilen.

Ein Salatblatt auf einen Teller legen. Den im Trüffeldressing marinierten Hummersalat in der Mitte davon anrichten.

Kreisförmig um den Hummersalat drapieren:
- die Gänseleberterrine auf einigen Portweingelee-Würfelchen
- ein mit Feigensalat gefülltes Salatblatt mit einem geviertelten Baby-Apfel garniert
- das Entenlebermarmor auf den restlichen Portweingelee-Würfeln
- das geschnittene Wildlachsfilet garniert mit einer Rosette von Sahnemeerrettich, Kapernäpfeln, Zitronenschnitzen und Zwiebelringen
- den Graved Lachs auf einem Spiegel von Dillsenfsauce
- die Salzgurken und frischen Dill

Sie können alles auf kleinen Portionstellern verteilen oder auf einer großen Platte anrichten, die in die Mitte des Tisches oder auf das Buffet gestellt wird.

Dazu servieren wir getoasteten Brioche.

CARROUSEL CORVIGLIA

ASIATISCHER COLESLAW

Asiatischer Coleslaw

Zutaten für 4 Personen

Für die Marinade

150 ml Wasser
50 ml Essig
25 g Zucker
10 g Salz

Für das Gemüse

250 g Rettich, in Streifen geschnitten
150 g Karotten, in Streifen geschnitten
150 g Chinakohl, in Streifen geschnitten
10 g Ingwer, gehackt
1 rote Paprika, in Streifen geschnitten
1 Knoblauchzehe, gehackt
1 Chilischote, entkernt und fein gehackt
1 Zweig Zitronengras, fein gehackt

Für die Sauce

50 ml Kikkoman Sojasauce
2 EL Austernsauce
2 EL Thai-Fischsauce
50 ml Mirin (süßer japanischer Reiswein)
25 g Rohrzucker
1 EL Sesamsaat

Zubereitung

Alle Marinadezutaten mischen, aufkochen und ruhen lassen.

Den Rettich, die Karotten und den Chinakohl in die noch warme Marinade geben und 60 Minuten ziehen lassen.

Die Marinade durch ein Sieb gießen und die Paprika, den Knoblauch, die Chilischote und das Zitronengras zu dem Gemüse geben.

Die Saucenzutaten vermischen und gut verrühren.

Das Gemüse mit der Sauce abschmecken, ca. 30 Minuten ziehen lassen und kalt servieren.

Mein Tipp

Gehackte Erdnüsse oder Wasserkastanien über den Coleslaw gestreut, machen den Coleslaw besonders knackig.

ENTENLEBERMARMOR MIT GRÜNEM PFEFFER

Zutaten für 4 Personen

400 g frische Entenleber
10 g Sel rose (Rezept siehe Seite 60)
50 ml Cognac
30 g grüne Pfefferkörner
3 El frische Petersilie, gehackt
200 ml Portweingelee (Rezept siehe Seite 82)

Zubereitung

Die Entenleber von Haut und Nervensträngen befreien, in 2 cm dicke Scheiben schneiden, mit Sel rose würzen und über Nacht bei Zimmertemperatur marinieren.
Vier kleine Terrinen oder eine Auflaufform mit Frischhaltefolie auslegen.
Die Entenleber in einer sehr heißen Bratpfanne ohne Fettzugabe beidseitig kurz sehr scharf anbraten und mit Cognac ablöschen. Die Entenleber herausnehmen, in einem Sieb abtropfen lassen und kalt stellen.
Den grünen Pfeffer und die Petersilie in der Küchenmaschine oder im Mörser fein pürieren.
Das Portweingelee erwärmen bis es flüssig ist (nicht kochen) und 3 EL in die Form gießen. Die gebratenen Entenleberscheiben darauf verteilen. Mit einem Pinsel die Pfefferpaste dick auf die Entenleber streichen.
Die Terrine mit Portweingelee begießen und eine weitere Schicht aus Leber und Pfefferpaste auflegen. Diesen Vorgang wiederholen, bis die Entenleber aufgebraucht ist.
Den Marmor mit dem restlichen Gelee bedecken und in Frischhaltefolie einschlagen.
Den Entenlebermarmor 4 bis 6 Stunden kalt stellen.
Mit Feigensalat (Rezept siehe Seite 82) und Brioche (Rezept siehe Seite 75) servieren.

Entenlebermarmor mit grünem Pfeffer

Zutaten für 4 Personen

120 g Butter
60 g Mehl
500 ml Milch
10 Eigelb
250 g Greyerzer, grob geraffelt
80 g Parmesan (Reggiano), gerieben
Salz
Schwarzer Pfeffer aus der Mühle
10 Eiweiß
3 EL Kirschwasser
5 g Maizena-Stärke

Zubereitung

Die Butter in einer Kasserolle schmelzen. Unter Rühren das Mehl zugeben bis eine Mehlschwitze entsteht.

Die Mehlschwitze mit der kalten Milch aufgießen und so lange mit dem Schneebesen rühren, bis eine glatte Masse entsteht.

Den Topf vom Herd nehmen, die Eigelbe einzeln und vorsichtig unter die noch warme Masse rühren.

Den Greyerzer und den Parmesan unterheben, die Soufflémischung mit Salz und Pfeffer würzen.

Achtung: Das Soufflée nur sparsam salzen, da der Käse bereits sehr salzhaltig ist.

Die Eiweiß mit der Stärke zu steifem Schnee schlagen und mit einem Kochlöffel unter die Soufflémischung heben. Die Soufflémischung mit dem Kirschwasser parfümieren.

Vier Souffléformen (Cocotten) ausbuttern und mehlieren.

Die Souffléfömchen mit der Masse füllen und im auf 180 °C vorgeheizten Backofen auf einem Backblech ca. 35 bis 40 Minuten backen.

KÄSESOUFFLÉ MATHIS

BÜNDNERFLEISCHTERRINE MIT ENTENLEBER UND STEINPILZEN

Bündnerfleischterrine mit Entenleber und Steinpilzen

Zutaten für 4 Personen

150 g frische Entenstopfleber
10 g Sel rose
150 g Bündnerfleisch
10 g Butter
30 g Schalottenwürfel
1 Knoblauchzehe, geschält und gepresst
30 g getrocknete Steinpilze
1 Zweig Thymian
100 ml trockener Weißwein
250 ml Rinderbrühe
250 ml Sahne
Salz
Pfeffer aus der Mühle
2 Blatt Gelatine
50 ml Cognac
100 ml Portweingelee
100 g Melonen-Chutney
2 EL Petersilie, gehackt, zum Anrichten

Mein Tipp

Das Messer vor dem Schneiden der Terrine mit heißem Wasser abspülen und gleich schneiden. So erhält man eine glatte und gleichmäßige Scheibe.
Die Terrine mit Brioche servieren.

Zubereitung

Die Entenleber von Haut und Nervensträngen befreien, in 2 cm dicke Scheiben schneiden, mit Sel rose würzen und über Nacht bei Zimmertemperatur marinieren.
Am Folgetag eine Terrine oder kleine Kastenform mit Frischhaltefolie auslegen. Die Terrine mit dem hauchdünn geschnittenen Bündnerfleisch auslegen. (Das Bündnerfleisch soll ein wenig über den Rand hängen, damit man es später einschlagen kann.) Das restliche Bündnerfleisch in kleine Würfel schneiden.
Die Butter in einer kleinen Kasserolle erhitzen. Darin die Schalottenwürfel und den Knoblauch glasig dünsten. Die getrockneten Steinpilze und den Thymian zugeben, mit Weißwein ablöschen und mit der Brühe und der Sahne aufgießen. Bei schwacher Hitze auf ein Drittel reduzieren. Alles durch ein feines Sieb passieren, mit Salz und Pfeffer aus der Mühle abschmecken.
Die in kaltem Wasser eingeweichte und ausgedrückte Gelatine in die noch warme Flüssigkeit rühren. Bei Raumtemperatur abkühlen lassen. Den abgekühlten Steinpilzfond ein Drittel hoch in die Terrine füllen und kalt stellen.
Die marinierte Entenleber in einer heißen Bratpfanne ohne Fettzugabe scharf anbraten und mit einem Schuss Cognac ablöschen. Die Flüssigkeit sofort durch ein Sieb abschütten und abkühlen lassen.
Das Portweingelee schmelzen. Die angebratene Entenstopfleber mit 2 EL Portweingelee marinieren und auf dem erstarrten Steinpilzfond verteilen. Kühl stellen.
Die Bündnerfleischwürfel mit dem flüssigen Portweingelee vermischen und auf der Entenleber verteilen.
Die überstehenden Bündnerfleischränder über der Terrine einschlagen und gut andrücken. Mit Klarsichtfolie abdecken und 6 bis 8 Stunden kalt stellen.
Die Terrine in ca. 2 cm dicke Scheiben schneiden und auf einem Teller mit Würfelchen von Portweingelee und Melonen-Chutney anrichten. Mit der Petersilie garnieren.

GRAVED LACHS

Graved Lachs

Zutaten für eine Seite Lachs

150 g Salz
75 g Zucker
10 g Dill, getrocknet oder 100 g Dill, frisch
schwarzer Pfeffer aus der Mühle
1 kg frisches Lachsfilet, ohne Haut
1 l Sonnenblumenöl

Zubereitung

Das Salz, den Zucker und den Dill vermischen.

Das Lachsfilet von beiden Seiten pfeffern, mit der Würzmischung einreiben und in eine tiefe, längliche Form legen. Das Lachsfilet 48 Stunden im Kühlschrank marinieren.

Das Lachsfilet aus dem Kühlschrank nehmen, Salz und Zucker leicht abstreifen. Das Filet vollständig mit dem Sonneblumenöl bedecken und weitere 72 Stunden marinieren.

Den Lachs nach der Marinierzeit aus dem Öl nehmen, abstreifen und aufschneiden.

Dazu Dillsenfsauce (Rezept siehe Seite 98) und Toast oder Brioche servieren.

THUNFISCH-TATAR

Thunfisch-Tatar

Zutaten für 4 Personen

300 ml Kikkoman Sojasauce
400 ml Wasser
50 g Rohrzucker
150 ml Mirin (süßer japanischer Reiswein)
150 ml Fischsauce
500 g Thunfisch
50 ml Zitronensaft
10 g Koriander

Zum Garnieren

einige Sojasprossen
etwas frischer Salat
etwas Koriandergrün

Zubereitung

Für die Marinade die Sojasauce mit dem Wasser erwärmen. Den Rohrzucker zugeben und so lange verrühren bis er sich vollständig aufgelöst hat. Den Mirin und die Fischsauce zu der Marinade geben und gut unterrühren.

Den Thunfisch fein hacken und in eine Schüssel geben. Mit der Marinade bedecken und mit dem Zitronensaft und dem Koriander würzen. Das Tatar ca. 5 Minuten ziehen lassen.

Das Tatar in Espresso- oder Kaffeetassen drücken, auf die Teller stürzen und mit dem Salat, den Sojasprossen und dem Koriandergrün garnieren. Dazu getoastetes Weißbrot reichen.

TRÜFFELGERICHTE

Trüffelgerichte

LA TRUFFE »SOUVAROFF«

Zutaten für 4 Personen

120 g frische Trüffel
120 g Gänseleberterrine (aus dem Feinkostgeschäft)
120 g frische Steinpilze
etwas Olivenöl
10 ml Cognac
Salz
Pfeffer aus der Mühle
150 ml Trüffelsauce oder Kalbsfond
50 ml roter Portwein
200 g Blätterteig
1 Eigelb

La Truffe »Souvaroff«

Zubereitung

Den Trüffel und die Gänseleberterrine in ca. 0,5 cm große Würfel schneiden.

Die Steinpilze würfeln. Das Olivenöl in einer Pfanne erhitzen, darin die Pilzwürfel kurz sautieren und mit einem Schuss Cognac ablöschen. Mit Salz und Pfeffer aus der Mühle abschmecken.

Den Trüffel, die Gänseleberterrine, die Steinpilze, die Trüffelsauce und den Portwein in feuerfeste Suppentassen (Cocotten) füllen und mit Pfeffer aus der Mühle abschmecken.

Den Blätterteig ausrollen und mit Hilfe eines Ausstechers Kreise ausstechen, deren Durchmesser ca. 2 cm größer ist als die verwendete Suppentasse oder Cocotte.

Den oberen Rand jeder Suppentasse mit etwas verquirltem Eigelb bestreichen und mit je einem Blätterteigkreis bedecken. Den überstehenden Blätterteigrand gut an die Tasse drücken. Den Teigdeckel mit dem restlichen Eigelb bestreichen.

Die Tassen 15 bis 20 Minuten im auf 180 °C vorgeheizten Backofen backen bis der Blätterteig goldbraun ist.

Die Teigdeckel vor dem Servieren mit etwas Butter bepinseln, damit sie schön glänzen.

Zutaten für 4 Personen

200 ml Sahne
200 ml Geflügel- oder Fleischbrühe
20 g Trüffel, gehackt
10 g Trüffelöl
80 g Gänseleberterrine (aus dem Feinkostgeschäft)
Salz
Pfeffer aus der Mühle
Cognac
Fettuccine (Rezept siehe Seite 79)
20 g frischer Trüffel
Olivenöl

Zubereitung

Die Sahne, die Brühe, den Trüffel und das Trüffelöl in einer Kasserolle aufkochen. Die Sauce um ein Drittel reduzieren und leicht einkochen. Die Gänseleberterrine in die Sauce geben und schmelzen.
Die Sauce mit Salz, schwarzem Pfeffer aus der Mühle und Cognac abschmecken.
Die Fettuccine in Salzwasser bissfest (al dente) garen und unter die Gänselebersauce mischen.
Die Fettuccine mit ausreichend Sauce auf vorgewärmten Pastatellern anrichten.
Vor dem Servieren den frischen Trüffel auf die Pasta hobeln, alles mit Olivenöl beträufeln und mit Pfeffer aus der Mühle abschmecken.

Mein Tipp

Falls die Sauce zu dünn ist, kann man sie mit Maizena-Stärke leicht binden. Man muss genügend Sauce unter die Pasta mischen, da die Nudeln die Flüssigkeit sehr schnell aufnehmen.

FETTUCCINE MIT GÄNSELEBERSAUCE UND FRISCHEM TRÜFFEL

Fettuccine mit Gänselebersauce und frischem Trüffel

RINDSCARPACCIO ROBESPIERRE

Rindscarpaccio Robespierre

Zutaten für 4 Personen

600 g Entrecôte vom Rind, am Stück, pariert und angefroren
50 g weiche Butter (beurre pomade)
1 Zweig Rosmarin
Fleur de Sel (Meersalz)
60 g Parmesan (Reggiano), am Stück
40 g Trüffel
1 Zitrone
Olivenöl, extra vergine
Pfeffer aus der Mühle

Zubereitung

Für das Robespierre das Entrecôte in ca. 3 mm dünne Scheiben schneiden. Einen Teller mit weicher Butter bepinseln. Den gebutterten Teller mit dem Entrecôte auslegen.
Das Entrecôte Robespierre mit weicher Butter bestreichen und mit den Rosmarinnadeln bestreuen.
Das Robespierre im Backofen bei Oberhitze leicht andünsten bis das Fleisch anzieht.
Das Robespierre mit Fleur de Sel salzen, mit gehobeltem Parmesan und Trüffel bestreuen und mit dem Saft der Zitrone beträufeln.
Mit Olivenöl beträufeln und mit schwarzem Pfeffer aus der Mühle würzen.
Mit Brioche servieren.

Variante: Carpaccio

Für ein normales Carpaccio das Entrecôte wie das Robespierre zubereiten, jedoch nicht mit Butter und Rosmarin behandeln und nicht dünsten.

Zutaten für 4 Personen

4 Scheiben Thunfisch, je ca. 120–150 g
Sesamöl zum Anbraten

Für die Marinade

300 ml Kikkoman Sojasauce
10 g Rohrzucker
100 ml Sesamöl
200 ml Mirin (süßer japanischer Reiswein)
50 ml Austernsauce
5 g Koriandersamen
5 g weiße Sesamsaat
1 Zweig Zitronengras, fein gehackt
10 g frischer Koriander
Sesamöl zum Anbraten

Zum Garnieren

Frischer Trüffel (vorzugsweise Wintertrüffel, doch auch Sommer- oder Weiße Trüffel sind geeignet)
etwas frischer Zitronensaft
Olivenöl, extra vergine
schwarzer Pfeffer aus der Mühle
Meersalz oder Fleur de Sel
einige Salatblätter
Sojasprossen

Thunfisch Sashimi Corviglia

Zubereitung

Den Thunfisch in 2 bis 3 cm hohe und 5 bis 6 cm breite Streifen schneiden. Gut geeignet sind Tuna-Bars, das sind bereits zugeschnittene Thunfischfilets.
Für die Marinade die Sojasauce erhitzen und den Rohrzucker darin auflösen. Die restlichen Marinadezutaten hinzufügen und die Marinade bei Zimmertemperatur abkühlen lassen.
Die Thunfischstreifen in die Marinade legen und im Kühlschrank ca. 6 bis 8 Stunden ziehen lassen. Die Streifen in dieser Zeit mehrmals wenden.
Das Sesamöl in einer Pfanne erhitzen und den Thunfisch darin von allen Seiten ca. 30 Sekunden scharf anbraten.

Anrichten

Den gebratenen Thunfisch in ca. 0,5 cm dicke Scheiben schneiden und auf Tellern anrichten.
Den frischen Trüffel nach Belieben darüberhobeln, den Fisch mit Zitronensaft und Olivenöl beträufeln und mit Meersalz oder Fleur de Sel und Pfeffer aus der Mühle würzen.
Das Sashimi mit frischem Salat, Sojasprossen oder essbaren Blüten garnieren. Falls es ohne Trüffel serviert wird, mit Reto's Rocksugardressing beträufeln.

THUNFISCH SASHIMI CORVIGLIA

TRÜFFEL-FLAMMKUCHEN

Zutaten für 4 Personen

Für den Teig

250 g Mehl
200 ml lauwarmes Wasser
5 g Hefe
5 g Salz

Für die Trüffelcreme

180 g Ricotta
125 g Magerquark
125 g Sauerrahm
500 ml Sahne
2 EL Tartufata (Trüffelcreme)
2 EL Trüffelöl
2 Eier
25 ml Öl
50 g Fontinakäse, gerieben
Salz
Pfeffer aus der Mühle
20 g frische Trüffel
Trüffelöl
Olivenöl, extra vergine

Trüffel-Flammkuchen

Zubereitung

Das Mehl in eine Schüssel sieben, eine Mulde eindrücken und das lauwarme Wasser hineingießen. Die Hefe darin auflösen.

Das Salz über den Mehlrand streuen, die Mischung von innen nach außen zu einem Teig kneten.

Den Teig 30 Minuten bei Zimmertemperatur ruhen lassen.

Für die Trüffelcreme den Ricotta, den Magerquark, den Sauerrahm, die Sahne, die Tartufata, das Trüffelöl, die Eier, das Öl und den Fontinakäse miteinander vermengen und mit Salz und Pfeffer abschmecken.

Den Teig in vier gleiche Teile schneiden, auf einer bemehlten Arbeitsfläche hauchdünn ausrollen und auf ein mit Backpapier belegtes Backblech breiten.

Die Trüffelcreme auf den Teigplatten verstreichen, mit dem Käse bestreuen und im auf 220 °C vorgeheizten Backofen ca. 3 bis 4 Minuten backen bis der Boden knusprig ist.

Die Flammkuchen aus dem Backofen nehmen und mit einem Messer oder Pizzasrädchen in mehrere Kuchenstücke schneiden.

Die Stücke mit dem frischen Trüffel behobeln, mit Trüffelöl parfümieren und mit Pfeffer aus der Mühle und Olivenöl abschmecken.

flammerie

UOVA REALE

Zutaten für 4 Personen

4 Eier
20 g Trüffel
100 ml Trüffeljus (Rezept siehe Seite 64)
4 EL Kartoffel-Trüffel-Mousseline (Rezept siehe Seite 78)
1 Prise Salz
4 Scheiben Brioche oder Toast
10 g Butter
4 EL Sauce Hollandaise (Rezept siehe Seite 63)

Uova Reale

Zubereitung

Die Eier mit dem Trüffel in eine fest schließende Plastikdose (Tupperware) geben und 2 Tage im Kühlschrank stehen lassen. So nehmen die Eier den Trüffelgeschmack an.

Je eine Schicht Trüffeljus und Kartoffel-Trüffel-Mousseline in vier feuerfeste Martinigläser oder kleine Ofenformen (Cocotten) füllen.

Die Eier vorsichtig trennen. Die Eigelbe sollten dabei ganz bleiben.

Die Eiweiß mit dem Salz zu steifem Schnee schlagen. Etwas Trüffel fein hacken und vorsichtig unter den Eischnee ziehen.

Die Hälfte des Eischnees auf die 4 Martinigläser verteilen. In die Mitte jedes Eischneekleckses eine kleine Mulde drücken, je ein Eigelb hineingeben und den restlichem Eischnee darüber verteilen.

Aus der Brioche Kreise vom gleichen Durchmesser wie die Gläser ausstechen. Die Butter in einer Bratpfanne erhitzen, die Briochekreise darin goldgelb braten.

Auf jedes Martiniglas oder Cocotte einen Briochekreis legen, mit Frischhaltefolie verschließen und im Wasserbad im auf 100 °C vorgeheizten Ofen 5 bis 6 Minuten erhitzen.

Die Gläser aus dem Ofen nehmen, die Folie entfernen, die Oberflächen mit Hollandaise nappieren und mit etwas Trüffeljus garnieren. Den frischen Trüffel darüberhobeln.

Achtung: Bitte nur feuerfeste Gläser und hitzebeständige Folie verwenden.

KAVIARGERICHTE

Kaviargerichte

CORVIGLIA-SCHNEE

Corviglia-Schnee

Zutaten für 4 Personen

400 g Kartoffeln
40 g Butter
Kaviar nach Belieben
400 ml Sauerrahm
Pfeffer aus der Mühle

Zubereitung

Die Kartoffeln kochen und schälen. Die heißen Kartoffeln mit Hilfe einer Kartoffelpresse auf vorgewärmte Teller pressen.

Den Kartoffelschnee mit Butterflocken bestreuen, nach Belieben mit Kaviar belegen und mit Sauerrahm garnieren.

Vor dem Servieren etwas frischen Pfeffer über den Sauerrahm mahlen.

Zutaten für 4 Personen

400 g mehlig kochende Kartoffeln
1 Eigelb
20 g Butter
Salz
Pfeffer
Muskat
250 g Tatar, zu 4 Steaks geformt (Rezept siehe Seite 143)
Kaviar nach Belieben
200 g Sauerrahm
Pfeffer aus der Mühle

Zubereitung

Die Kartoffeln schälen und mit einer feinen Küchenreibe raffeln.
Das Eigelb zugeben und die Kartoffelmasse mit Salz, Pfeffer und Muskat abschmecken. Aus dem Kartoffelteig 4 kleine Kartoffelpuffer formen.
Die Butter in einer Bratpfanne erhitzen, die Kartoffelpuffer darin goldbraun und knusprig braten.
Die Kartoffelpuffer auf vorgewärmten Tellern anrichten und mit je einem Tatarsteak bestreichen.
Den Kaviar auf dem Tatar anrichten. Die Puffer mit Sauerrahm garnieren und mit Pfeffer aus der Mühle dekorieren.

MAC ROMANOV

Zutaten für 4 Personen

320 g Brie de Meaux
Kaviar nach Belieben
200 ml Sauerrahm
Pfeffer aus der Mühle

Zubereitung

Den Brie de Meaux in vier gleiche Scheiben schneiden und auf 4 feuerfeste Teller verteilen.
Die Käsescheiben 2 Minuten im vorgeheizten Backofen gleichmäßig schmelzen lassen.
Den geschmolzenen Käse mit Kaviar belegen und mit Sauerrahm und Pfeffer aus der Mühle anrichten.

RACLETTE MATHIS

Zutaten für 4 Personen

600 g mehlig kochende Kartoffeln
Salz
Pfeffer
50 g Butter
200 g Räucherlachs, in dünne Scheiben geschnitten
Kaviar nach Belieben
200 ml Sauerrahm
Pfeffer aus der Mühle

Zubereitung

Die ungeschälten Kartoffeln weich kochen, abkühlen lassen, schälen und grob raffeln.
Die Kartoffelmasse mit Salz und Pfeffer abschmecken und zu kleinen Röstitalern formen.
Die Butter in einer Pfanne erhitzen, darin die Röstitaler goldbraun braten.
Die knusprig gebratenen Röstitaler auf vorgewärmten Tellern anrichten mit den Räucherlachsscheiben belegen.
Den Kaviar auf dem Lachs verteilen, die Rösti mit Sauerrahm und Pfeffer aus der Mühle anrichten.

RÖSTI MATHIS

Zutaten für 4 Personen

4 Buchweizen-Blinis (Rezept siehe Seite 74)
weiche Butter zum Bestreichen
Kaviar nach Belieben
200 ml Sauerrahm
schwarzer Pfeffer aus der Mühle

Blinis mit Kaviar

Zubereitung

Die warmen und knusprig gebackenen Buchweizen-Blinis gut mit der Butter bestreichen und auf 4 vorgewärmten Teller anrichten.
Die Blinis nach Belieben mit Kaviar belegen und mit Sauerrahm garnieren.
Vor dem Servieren schwarzen Pfeffer über die Sauerrahmkleckse mahlen.

BLINIS MIT KAVIAR

FISCH UND MEERESFRÜCHTE

Fisch und Meeresfrüchte

Zutaten für 4 Personen

20 g Sultaninen
4 cl Grappa
200 g Erbsen, frisch oder tiefgefroren
100 g Kartoffeln
100 ml Milch
200 ml Sahne
Salz
Pfeffer aus der Mühle
Muskat
8 große Jakobsmuscheln
$^1/_2$ Zitrone
5 g Fischgewürz (Rezept siehe Seite 58)
20 ml Olivenöl
10 g Butter
1 Zweig Thymian
50 g Butter
100 ml Trüffeljus (siehe Rezept Seite 64)
20 g frischer Trüffel

Zubereitung

Die Sultaninen in dem Grappa einweichen.
Die Erbsen in Salzwasser weich garen, kurz in Eiswasser abschrecken und abtropfen lassen.
Die geschälten Kartoffeln in Salzwasser weich garen und gut abtropfen lassen.
Die Milch mit der Sahne in einer Kasserolle erhitzen. Die Kartoffeln und die Erbsen in die heiße Milch-Sahne-Mischung pressen und gut verrühren. Das Püree mit Salz, Pfeffer aus der Mühle und Muskat abschmecken. Die eingeweichten Sultaninen hinzufügen.
Die Jakobsmuscheln in dem Saft der halben Zitrone und dem Fischgewürz marinieren.
Das Olivenöl in einer Bratpfanne erhitzen und die Muscheln darin beidseitig scharf anbraten (jeweils 45 bis 60 Sekunden). Dann die Butter und den Thymian zugeben und kurz aufschäumen. Die Pfanne vom Herd nehmen und die Muscheln in der Butter schwenken. Die Pfanne beiseite stellen.
Das Grünerbspüree auf vorgewärmte Teller geben, die Jakobmuscheln darauf anrichten und mit Trüffeljus und frischem Trüffel vollenden.

JAKOBSMUSCHELN AUF GRÜNERBSPÜREE UND TRÜFFELJUS

Jakobsmuscheln auf Grünerbspüree und Trüffeljus

Zutaten für 4 Personen

150 g Seezungenfilets
150 g Lachsfilet
4 Scampi, geschält
1 Zitrone
5 g Fischgewürz (Rezept siehe Seite 58)
Olivenöl zum Anbraten
150 g Pesto (Rezept siehe Seite 68)
400 g Fettuccine (Rezept siehe Seite 79)
10 g Butter
30 g Parmesan

Zubereitung

Das Seezungenfilet und das Lachsfilet in 2 cm breite und 5 cm lange Streifen schneiden und mit den Scampi in dem Saft der Zitrone und dem Fischgewürz marinieren.

Das Olivenöl in einer Bratpfanne erhitzen und den Fisch darin kurz anbraten.

Den Fisch und die Scampi aus der Pfanne nehmen und in das leicht erwärmte Pesto geben. (Das Pesto nie aufkochen, da der darin enthaltene Käse sonst schmilzt und dann hart wird.)

Die Fettuccine in Salzwasser al dente garen. Das Kochwasser abgießen. Die Fettuccine in eine Kasserolle geben und darin mit der Butter und dem Parmesan schwenken.

Die Fettuccine mit einer Gabel aufdrehen und auf vorgewärmte Teller geben. Den Fisch und die Scampi mit dem Pesto rundherum anrichten.

Pesto Gentile von Seezunge, Lachs und Scampi

PESTO GENTILE VON SEEZUNGE, LACHS UND SCAMPI

Zutaten für 4 Personen

15 g Butter
etwas Mehl
400 g Blätterteig, ca. 3 mm dünn ausgerollt
600 g Fischfilet, in 2 cm dicke und 4 bis 5 cm lange Steifen geschnitten (Seezunge, Wolfsbarsch, Lachs, auch Scampi oder Shrimps)
1 g Safranfäden
100 ml Weißwein
100 ml Noilly Prat
2 cl Pernod
2 EL frische Petersilie, gehackt
Salz
Pfeffer aus der Mühle
Olivenöl zum Anbraten
50 g Zwiebeln, gewürfelt
50 g Fenchel, in feine Streifen geschnitten
50 g Karotten, in feine Streifen geschnitten
50 g Lauch, in feine Streifen geschnitten
50 g Knollensellerie, in feine Streifen geschnitten
300 ml Sahne
2 Eier
1 Eigelb
1 TL Maizena-Stärke

Zubereitung

Eine Quicheform (26 cm Durchmesser) ausbuttern, mehlieren und mit dem Blätterteig auslegen.
Aus Safran, Weißwein, Pernod Noilly Prat und Petersilie eine Marinade rühren. Die Marinade mit Salz und Pfeffer abschmecken, die Fischstreifen darin marinieren.
Das Olivenöl in einer Schwenkpfanne (Sautoir) erhitzen. Die Zwiebelwürfel und die Gemüsestreifen darin ca. 10 Minuten dünsten.
Den marinierten Fisch zu dem Gemüse geben, mit etwas Noilly Prat ablöschen und 5 Minuten köcheln lassen.
Die Fisch-Gemüse-Mischung in einem Sieb abtropfen lassen, dabei die Flüssigkeit auffangen. Diese Flüssigkeit aufkochen und reduzieren, bis sie eindickt.
Für die Royale die Sahne, die Eier, das Eigelb und die Stärke gut mit dem reduzierten Fischfond vermixen.
Die Fisch-Gemüse-Mischung über den Blätterteig geben und die Royale darübergießen.
Die Quiche im auf 200 °C vorgeheizten Backofen ca. 30 bis 40 Minuten backen. (Bräunt die Oberfläche zu stark, die Quiche mit einem Stück Aluminiumfolie abdecken.)

QUICHE »ST. TROPEZ«

Mein Tipp

Die Quiche »St. Tropez« mit Beurre blanc safrané (Safran-Buttersauce, Rezept siehe Seite 70) servieren.

Zutaten für 4 Personen

200 g Blätterteig
50 g Tomatenmark
Olivenöl, extra vergine, zum Anbraten
frisches Basilikum nach Belieben, für die Tomatenpaste und das Baslikumöl
Thymian nach Belieben
Pfeffer aus der Mühle
4 Ramato-Tomaten
1 Zucchini
Salz
12 Riesengarnelen, geschält und vom Darm befreit, aber mit Schwanz
1 Zitrone
Meersalz nach Belieben
Rosmarin zum Garnieren
Schnittlauch zum Garnieren

Zubereitung

Den Blätterteig ca. 3 mm dünn ausrollen und 4 gleich große Teigkreise ausstechen. Die Teigkreise mit einer Gabel mehrmals einstechen.

Das Tomatenmark mit 1 EL Olivenöl glatt rühren. Das gehackte Basilikum und den Thymian unterziehen. Mit Pfeffer aus der Mühle abschmecken.

Die Tomaten vom Strunk befreien, überbrühen, schälen, entkernen und in gleich große Schnitze schneiden. Die Zucchini waschen und mit einem Gemüsemesser in ca. 3 mm dünne Scheiben schneiden.

Die Tomatenpaste auf den Teigkreisen verstreichen. Die Tomatenschnitze und Zucchinischeiben abwechselnd fächerförmig darauf verteilen, mit Salz und schwarzem Pfeffer aus der Mühle bestreuen und mit Olivenöl beträufeln.

Die Tartes im auf 200 °C vorgeheizten Backofen 10 bis 12 Minuten goldbraun backen.

Die Riesengarnelen auf der Rückenseite einschneiden und bis zur Hälfte halbieren (Butterfly), im Saft der Zitrone, dem Meersalz und Pfeffer marinieren.

Etwas Olivenöl in einer Pfanne erhitzen und die Garnelen darin anbraten. Das Olivenöl und das grob gehackte Basilikum mit einem Stabmixer zerkleinern. Die Tartes auf vorgewärmte Teller geben, die Riesengarnelen darauf anrichten, mit einem Schnittlauchfaden zusammenbinden und mit frischen Kräutern garnieren. Das Basilikumöl darüberträufeln und mit Butterflocken und Pfeffer aus der Mühle vollenden.

TARTES TATIN MIT RIESENGARNELEN

Mein Tipp

Aus den Blätterteigresten dünne Röllchen formen und mit Eigelb bestreichen. Mit Sesam oder Meersalz bestreuen, mit den Tartes backen und servieren.

YELLOWFIN TUNASTEAK AUF WASABI-KARTOFFELSCHNEE

Zutaten für 4 Personen

700 g Thunfischfilet
20 ml Sesamöl

Für die Marinade

100 ml Kikkoman Sojasauce
1 EL Zitronensaft
1/2 TL frischer Ingwer, gehackt

Für die Sauce

100 ml Kikkoman Sojasauce, salzreduziert
50 ml Mirin (süßer japanischer Reiswein)
100 ml Wasser
50 ml Sesamöl
20 ml Fischsauce
1 Zweig Zitronengras
1 TL frischer Ingwer, gehackt
1 Chilischote, entkernt und gehackt
1 EL Rohrzucker
1 TL Sesamsaat
1 TL Koriandergrün, gehackt

Für den Wasabi-Kartoffelschnee

1 EL Wasabipulver
2 EL Wasser
600 g Kartoffelpüree (Rezept siehe Seite 78)

Zum Garnieren

etwas Koriandergrün
einige Bambussprossen

Zubereitung

Den Thunfisch in vier gleich große Stücke schneiden. Die Marinadezutaten verrühren. Die Marinade über den Fisch geben und 15 Minuten ziehen lassen.
Die Saucenzutaten vermischen, in einer Kasserolle kurz aufkochen und ziehen lassen.
Das Sesamöl in einer Bratpfanne erhitzen. Darin den Thunfisch von allen Seiten ca. 45 Sekunden scharf anbraten. Den Thunfisch aus der Pfanne nehmen und beiseite stellen.
Für den Wasabi-Kartoffelschnee den Wasabi mit 2 EL Wasser verrühren und unter das Kartoffelpüree ziehen. Den Schnee mit Salz abschmecken.
Den Wasabischnee auf vorgewärmte Teller geben. Den Thunfisch diagonal zerteilen und auf dem Püree anrichten. Einen Saucefaden um den Fisch ziehen und den Teller mit frischem Koriandergrün und Bambussprossen garnieren.

Yellowfin Tunasteak auf Wasabi-Kartoffelschnee

SALTIMBOCCA VOM WOLFSBARSCH

Saltimbocca vom Wolfsbarsch auf Limettenrisotto

Zutaten für 4 Personen

Für die Steinpilz-Tapenade

Olivenöl zum Braten
50 g Schalotten, geschält und gehackt
100 g Steinpilze, geputzt
100 g rote Paprika, entkernt und von den Scheidewänden befreit
10 g Chilischoten, entkernt und fein gehackt
5 g Steinpilzmehl (aus dem Feinkostladen)
50 g schwarze Oliven, entsteint und gehackt
1 Knoblauchzehe
50 g Pinienkerne, geröstet
10 g frische Petersilie, gehackt
1 Zweig Thymian
200 ml Olivenöl, extra vergine
Salz
schwarzer Pfeffer aus der Mühle

Für das Saltimbocca

4 Wolfsbarschfilets à 160 g, mit Haut, geschuppt und ohne Gräten
1 Zitrone
Pfeffer aus der Mühle
8 frische Salbeiblätter
8 hauchdünne Scheiben Parmaschinken

Für den Risotto

50 g Schalotten, geschält und gehackt
200 g Risotto (Carnaroli-Reis)
100 ml Weißwein
600 ml Geflügelbrühe
2 Limetten
50 g Parmesan (Reggiano), gerieben
50 g Butter
Salz, Pfeffer aus der Mühle

Zubereitung

Für die Tapenade etwas Olivenöl in einer Pfanne erhitzen. Darin Schalottenwürfel und Steinpilze anschwitzen. Die Paprika mit einem Sparschäler schälen, in 1 cm große Würfel schneiden und in die Pfanne geben. Die restlichen Tapenade-Zutaten mit Ausnahme des Olivenöls zugeben, bei geringer Hitze mitschwitzen. Das Olivenöl aufgießen.

Die Tapenade mit Salz und schwarzem Pfeffer aus der Mühle abschmecken. (Nicht mehr kochen.)

Die Wolfsbarschfilets halbieren, mit dem Saft der Zitrone beträufeln und mit Pfeffer aus der Mühle würzen. Nicht salzen, der Parmaschinken ist salzig.

Die Fischstücke mit der Hautseite nach unten legen, mit je einem Salbeiblatt belegen und in je eine Scheibe Parmaschinken einschlagen.

Etwas Olivenöl in einem Topf erhitzen, darin die Schalottenwürfel anschwitzen, den Risottoreis hinzufügen und ebenfalls kurz anschwitzen, mit Weißwein ablöschen und mit heißer Geflügelbrühe aufgießen.

Den Risotto unter ständigem Rühren und langsamer Zugabe der Geflügelbrühe bissfest (al dente) garen.

In einer zweiten Pfanne Olivenöl erhitzen, darin die Saltimbocca anbraten, dann im Backofen bei mittlerer Hitze warm stellen.

Den Risotto vom Herd nehmen, mit der geriebenen Limettenschale, dem Parmesan und der Butter vermengen. Mit etwas Limettensaft, Salz und schwarzem Pfeffer aus der Mühle abschmecken.

Den Limettenrisotto auf vorgewärmte Teller geben. Das Wolfsbarsch-Saltimbocca darauf anrichten und mit der lauwarmen Steinpilz-Tapenade dekorieren. Mit einem Salbeiblatt und einer Limettenscheibe garnieren.

FLEISCH

Fleisch

CORVIGLIA-CLUBSANDWICH

Zutaten für 4 Personen

600 g Rinderfilet, in einem Stück
Fleischgewürz (Rezept siehe Seite 58)
Olivenöl, extra vergine, zum Anbraten
4 Briochebrötchen (Rezept siehe Seite 75) oder »Buns« vom Bäcker
2 Tomaten
1 Zwiebel
$^1/_2$ Eisbergsalat, gewaschen und verlesen
200 ml Sauce Béarnaise (Rezept siehe Seite 63)
2 EL Tomatensalsa

Zubereitung

Das Rinderfilet mit dem Fleischgewürz einreiben. Das Olivenöl in einer feuerfesten Form erhitzen, das Fleisch darin von allen Seiten scharf anbraten.

Das Fleisch im auf 180 °C vorgeheizten Backofen 15 bis 20 Minuten bis zur gewünschten Garstufe braten.

Die Briochebrötchen halbieren und die Schnittseiten antoasten.

Die Tomaten und die Zwiebeln in dünne Scheiben schneiden und mit dem Eisbergsalat in vier kleinen Bouquets anrichten.

Die Unterseiten der getoasteten Briochebrötchen mit der Tomatensalsa bestreichen und das Salatbouquet darauf legen.

Das fertig gegarte Rinderfilet in 1 cm dicke Scheiben schneiden, diese auf das Salatbett legen und mit Sauce Béarnaise napieren.

Die oberen Hälften der Briochebrötchen auf die belegten Hälften setzen. Die Sandwiches der Länge nach aufschneiden und mit Coleslaw servieren.

Corviglia-Clubsandwich

Danish Tatar

Zutaten für 4 Personen

500 g Rinderhüfte, pariert (von Sehnen, Häuten und Fett befreit)
30 g Zwiebeln
20 g Sardellen
20 g Kapern
10 g Petersilie
40 g Ketchup
2 Eigelb
1 TL Paprika
Salz
Pfeffer aus der Mühle
30 ml Cognac
1 EL Meerrettich, gerieben
4 EL Schlagsahne
25 g Olivenöl
2 EL Butter
4 Eier
einige Salatblätter zum Garnieren

Zubereitung

Die Rinderhüfte vom Metzger fein hacken lassen oder in der Küchenmaschine fein hacken.

Die Zwiebeln, die Sardellen, die Kapern und die Petersilie fein hacken.

Die gehackten Zwiebeln, Sardellen, Kapern und die Petersilie mit dem Fleisch, dem Ketchup, dem Paprika und den Eigelb vermengen, mit Salz, Pfeffer und Cognac abschmecken. Das Tatar in vier gleich große Portionen teilen.

Den Meerrettich mit der Schlagsahne glatt rühren.

Das Olivenöl in einer Bratpfanne erhitzen und die Tatarsteaks von beiden Seiten ca. 30 Sekunden scharf anbraten.

In einer zweiten Bratpfanne die Butter erhitzen, darin 4 Spiegeleier braten.

Das Tatar auf vier Tellern anrichten, mit dem Sahnemeerrettich bestreichen und mit je einem Spiegelei bedecken.

Das Tartar auf einem Bouquet von Blattsalaten servieren und Brioche dazu reichen.

DANISH TATAR

KALBSLEBER IN DER GEMÜSEKRUSTE

Zutaten für 4 Personen

500 g Kalbsleber am Stück
Salz
schwarzer Pfeffer aus der Mühle
1 Schweinenetz (vom Metzger)
Öl zum Anbraten
100 g Zwiebeln, gewürfelt
200 g Karotten, fein gewürfelt
50 g Sellerie, fein gewürfelt
50 g Champignons, gewürfelt
200 g Kalbsbrät (vom Metzger)
10 g Fleischgewürz (Rezept siehe Seite 58)
20 g Butter, flüssig
300 ml roter Portwein

Für die Sauce

250 ml Kalbsjus (Rezept siehe Seite 62)
Salbeiblätter, Thymian, Rosmarinzweige nach Belieben
20 g Butter
Salz
Pfeffer aus der Mühle

Zubereitung

Die Kalbsleber von Haut und Sehnen befreien und mit Salz und Pfeffer aus der Mühle würzen.

Das Schweinenetz 15 Minuten gut wässern, dann ausdrücken.

Das Öl in einer kleinen Kasserolle erhitzen, die Zwiebeln darin glasig dünsten. Die Karotten-, Sellerie- und Champignonwürfel dazugeben und weich garen. Das gare Gemüse abkühlen lassen.

Das Kalbsbrät mit den Gemüsewürfeln gut durchmischen und mit dem Fleischgewürz abschmecken.

Das Schweinenetz ausbreiten. $\frac{1}{3}$ der Gemüsefarce in Größe der Kalbsleber in die Mitte streichen.

Die Leber auf die Gemüsefarce setzen und komplett mit der restlichen Farce bestreichen. Das Schweinenetz gut einschlagen und mit der flüssigen Butter bepinseln.

Etwas Öl in einem feuerfesten Topf erhitzen. Die Kalbsleber hineinsetzen und im auf 180 °C vorgeheizten Backofen ca. 30 bis 45 Minuten garen.

Nach 10 Minuten Garzeit die Leber mit etwas Portwein ablöschen und alle 5 Minuten damit aufgießen.

Für die Sauce den entstandenen Bratensaft abschöpfen, in einer Kasserolle erhitzen, den Kalbsjus, den Salbei, den Thymian und den Rosmarin zugeben und ca. 5 Minuten schwach köcheln lassen.

Die Sauce mit Butter aufmontieren, mit Salz und Pfeffer aus der Mühle abschmecken.

Kalbsleber in der Gemüsekruste

Zutaten für 4 Personen

Öl zum Anbraten
50 g Zwiebeln, in feine Streifen geschnitten
100 g Champignons in dünne Scheiben geschnitten
600 g Hirschnuss oder Hirschentrecôte, in ca. 5 cm lange und 1 cm breite Steifen geschnitten
10 g Wildgewürz (Rezept siehe Seite 58)
5 g Mehl
50 ml Rotwein
400 g Polenta (Rezept siehe Seite 81)
50 g Preiselbeerkompott

Für die Sauce

250 ml Kalbsjus (Rezept siehe Seite 62)
5 Wacholderbeeren, zerstoßen
1 Nelke
1 Lorbeerblatt
1 Zweig Thymian
1 Zweig Salbei
Salz
Pfeffer aus der Mühle
100 ml Sahne

Zubereitung

Das Öl in einer Pfanne erhitzen, die Zwiebeln und Champignons darin glasig dünsten. Die Pfanne beiseite stellen.

Für die Sauce alle Zutaten mit Ausnahme der Sahne in einer Kasserolle erhitzen und ca. 10 Minuten bei schwacher Hitze köcheln lassen.

Die Wacholdersauce durch ein feines Sieb passieren, mit der Sahne verfeinern und mit Salz und Pfeffer aus der Mühle abschmecken. Beiseite stellen.

Die Hirschstreifen mit dem Wildgewürz würzen, dann mehlieren. Etwas Öl in einer Bratpfanne erhitzen und das Fleisch darin scharf anbraten.

Die Champignons und die Zwiebeln zum Fleisch geben, kurz anbraten und mit Rotwein ablöschen.

Anschließend alles in die Wacholderrahmsauce geben und ohne zu kochen 2 Minuten darin ziehen lassen.

Die Polenta und das Hirschgeschnetzelte auf vorgewärmten Tellern anrichten, mit Preiselbeerkompott und etwas Schlagsahne garnieren und servieren.

CHATSCHEDER – HIRSCHGESCHNETZELTES MIT POLENTA BRAMATA

Chatscheder – Hirschgeschnetzeltes mit Polenta Bramata

Zutaten für 4 Personen

400 g Kalbsfilet
Salz
Pfeffer aus der Mühle
Butter zum Anbraten

Für die Piccata

2 Eier
1 EL Parmesan, gerieben
1 EL Mehl
50 ml Sahne
Salz
Pfeffer aus der Mühle

Für die Raviolini

400 g Spinat
100 g Ricotta
4 Eigelb
1 Zitrone
Salz
Pfeffer
200 g Nudelteig (Rezept siehe Seite 79)
1 Ei
200 ml Morchelsauce (Rezept siehe Seite 69)

Sunshine-Piccata

Zubereitung

Das Kalbsfilet in acht gleiche Scheiben schneiden und leicht flach klopfen.

Für die Piccata die Eier, den Parmesan, das Mehl und die Sahne zu einer glatten Creme verrühren. Mit Salz und Pfeffer aus der Mühle würzen.

Die Filetscheiben mit Salz und Pfeffer aus der Mühle würzen, mit etwas Mehl bestäuben, durch die Piccatamasse ziehen und in etwas Butter goldgelb ausbraten.

Für die Raviolini den Spinat in kochendem Salzwasser blanchieren, in Eiswasser abschrecken, abtropfen, fein hacken und gut ausdrücken. Den Spinat mit dem Ricotta, dem Eigelb, der abgeriebenen Schale der Zitrone, Salz und Pfeffer abschmecken.

Den Nudelteig mit Hilfe einer Nudelmaschine dünn ausrollen und halbieren. Auf einer Teigplatte im Abstand von 5 cm je 1 TL der Spinatmischung setzen. Den Teig rund um die Spinatkleckse mit dem verquirlten Ei bepinseln und mit der zweiten Teigplatte bedecken. Die Ränder gut andrücken. Daraus die Raviolini rund ausstechen und in Salzwasser gar kochen.

Die fertigen Raviolini auf 4 vorgewärmten Tellern kreisförmig anrichten, mit Morchelsauce nappieren und mit den Kalbsfilet-Piccatas belegen.

SUNSHINE-PICCATA

Zutaten für 4 Personen

600 g Hirschentrecôte, pariert (von Sehnen, Haut und Fett befreit)
1 Knoblauchzehe, zerdrückt
1 Zweig Rosmarin
50 ml Olivenöl, extra vergine, zum Marinieren und zum Anbraten
600 g Polenta (Rezept siehe Seite 81)
5 g Trüffel, gehackt
10 g Tartufata (Trüffelcreme)
10 ml Trüffelöl
50 ml Sahne
Salz
Pfeffer aus der Mühle
10 g Wildgewürz (Rezept siehe Seite 58)
100 g Melonen-Chutney (erhältlich im Asia-Laden)
200 ml Pilzrahmsauce (Rezept siehe Seite 69)
150 ml Grappajus (Rezept siehe Seite 66)
4 Stück Kräuterkruste (Rezept siehe Seite 60)

Hirschentrecôte auf Trüffel-Polenta

Zubereitung

Das Hirschentrecôte mit dem Knoblauch, dem Rosmarin und etwas Olivenöl einreiben, in Frischhaltefolie einwickeln und über Nacht im Kühlschrank marinieren.

Die Polenta mit dem Trüffel, der Tartufata, dem Trüffelöl und der Sahne verfeinern, mit Salz und Pfeffer aus der Mühle abschmecken.

Das Fleisch aus der Folie nehmen und mit dem Wildgewürz einreiben.

Das restliche Olivenöl in einer Pfanne erhitzen, darin das Hirschentrecôte von allen Seiten scharf anbraten. Das Fleisch auf ein Backblech legen und im auf 80 °C vorgeheizten Backofen ca. 25 bis 30 Minuten braten. Das Melonenchutney, die Pilzrahmsauce und den Grappajus in je einer kleinen Kasserolle erwärmen.

Das Fleisch aus dem Ofen nehmen, mit der Kräuterkruste belegen und im Backofen unter dem Grill gratinieren.

Das gratinierte Hirschentrocôte auf vorgewärmten Tellern mit der Pilzrahmsauce, der Trüffel-Polenta und dem Melonen-Chutney anrichten. Vor dem Servieren mit dem Grappajus dekorieren.

HIRSCHENTRECÔTE AUF TRÜFFEL-POLENTA, MELONEN-CHUTNEY UND GRAPPAJUS

Zutaten für 4 Personen

Für die Marinade

2 Knoblauchzehen, zerdrückt
2 Zweige Thymian
1 Zweig Rosmarin
etwas Olivenöl, extra vergine

Für das Lammcarré

800 g Lammcarreé, mit geputzten Knochen
10 g Fleischgewürz (Rezept siehe Seite 58)
Olivenöl zum Anbraten
150 g Kräuterkruste (Rezept siehe Seite 60)

Für die Sauce

1 EL Balsamico
3 EL Rotwein
20 g Butter

Zubereitung

Aus dem Knoblauch, dem Thymian, dem Rosmarin und dem Olivenöl eine Marinade bereiten. Das Lammfleisch darin über Nacht ziehen lassen.

Das Fleisch nach dem Marinieren mit dem Fleischgewürz einreiben.

Das Olivenöl in einer Bratpfanne erhitzen, darin das Lammfleisch kurz rundum scharf anbraten.

Das Lammcarré mit der Marinade in eine feuerfeste Form geben und in dem auf 80 bis 90 °C (Umluft) bzw. 100 °C (Ober- und Unterhitze) vorgeheizten Backofen ca. 15–20 Minuten braten.

Das Lammcarré aus dem Backofen nehmen, mit Alufolie abdecken und 15 Minuten ruhen lassen.

Den entstandenen Bratensaft (mit Rosmarin und Thymian) in einer kleinen Schwenkpfanne (Sautoir) erhitzen. Den Balsamico und den Rotwein zufügen, die Sauce auf die Hälfte reduzieren und mit einem Schneebesen die Butter einrühren.

Die Kräuterkruste auf die Größe des Lammcarrés zurechtschneiden und auf das Fleisch legen. Das Lammcarré unter dem auf volle Hitze vorgeheizten Grill (Oberhitze) des Backofens gratinieren.

Das Lammcarré nach dem Gratinieren tranchieren und auf einem Saucenspiegel mit dem Kartoffelgratin anrichten.

LAMMCARRÉ MIT KRÄUTERKRUSTE

Lammcarré mit Kräuterkruste

ZAMPONE MIT TRÜFFEL AUF GESCHMORTEN LINSEN

Zampone mit Trüffel auf geschmorten Linsen

Zutaten für 4 Personen

600 g Zampone (gefüllter Schweinefuß, vom Metzger)

Für die geschmorten Linsen

20 ml Olivenöl
50 g Schalotten, fein gewürfelt
50 g Sellerie, fein gewürfelt
50 g Karotten, fein gewürfelt
150 g getrocknete Linsen, über Nacht eingeweicht
100 g geräucherter Bauchspeck, fein gewürfelt
1 Zweig Thymian
1 Zweig Rosmarin
100 g Pelatitomaten, püriert
500 ml Rinder- oder Geflügelbrühe (Rezept siehe Seite 84)
200 ml Kalbsjus (Rezept siehe Seite 62)
Salz
Pfeffer aus der Mühle
Balsamicoessig zum Abschmecken
40 g Trüffel, frisch
200 ml Trüffeljus (Rezept siehe Seite 64)

Zubereitung

Den Zampone in seinem Beutel ca. 15 bis 20 Minuten in kochendem Wasser garen.
Das Olivenöl in einem Topf erhitzen, darin die Schalottenwürfel glasig dünsten. Die Sellerie- und Karottenwürfel dazugeben und mitdünsten.
Die eingeweichten Linsen abgießen und zu den Gemüsewürfeln geben. Den Bauchspeck, den Thymian, den Rosmarin und das Tomatenpüree ebenfalls zugeben. Mit dem Kalbsjus aufgießen und im zugedeckten Topf langsam weich schmoren.
Das Linsenragout mit Salz, Pfeffer aus der Mühle und Balsamico abschmecken und auf vorgewärmte Teller geben.
Den Zampone in 1 cm dicke Scheiben schneiden und auf dem Linsenragout anrichten.
Alles mit frischem Trüffel behobeln und mit Olivenöl, Pfeffer aus der Mühle und Trüffeljus verfeinern.

SAUCISSON EN BRIOCHE

Saucisson en Brioche

Zutaten für 4 Personen

2 Saucissons vaudois (Waadtländer Kabiswurst) à ca. 200 g (vom Metzger)
40 g Trüffel, frisch
200 g Briocheteig (Rezept siehe Seite 75)
10 g Butter, flüssig
etwas Trüffeljus (Rezept siehe Seite 64)

Zubereitung

Die Saucissons in einem Topf mit heißem Wasser ca. 30 Minuten garen. Achtung: Das Wasser darf nicht kochen, da die Wursthaut sonst aufplatzt.

Die Saucissons nach der Garzeit aus dem Wasser nehmen, der Länge nach bis zur Mitte einschneiden und mit mehreren 2 mm dick gehobelten Trüffelspänen füllen.

Den Briocheteig ca. 2 cm dick ausrollen. Darauf die Saucissons legen. (Dabei soll der Einschnitt nach oben zeigen.)

Die Saucissons in den Briocheteig einschlagen und mit der Teignaht nach unten auf ein gebuttertes Backblech legen.

Die Saucissons 20 Minuten ruhen lassen, dann im auf 180 °C vorgeheizten Backofen ca. 25 bis 30 Minuten ausbacken.

Die fertigen Saucissons mit der flüssigen Butter einpinseln und mit etwas Trüffeljus servieren.

Zutaten für 4 Personen

Für die Sauce

25 g Zucker
25 g englischer Senf (Colemans)
5 g schwarze Pfefferkörner, zerstoßen
3 EL Weißwein
200 ml Sahne
100 ml Sauerrahm

Butter oder Olivenöl zum Anbraten
50 g Champignons, in dünne Scheiben geschnitten
50 g Zwiebeln, in feine Streifen geschnitten
500 g Rinderfilet, in ca. 1 cm dicke Streifen geschnitten
Mehl zum Bestäuben
Salz
Pfeffer aus der Mühle
2 cl Cognac

Zubereitung

Für die Sauce den Zucker, den Senf und den Weißwein zu einer glatten Paste verrühren. Mit den zerstoßenen Pfefferkörnern abschmecken.

Die Sahne und den Sauerrahm in einem kleinen Topf erhitzen, gut durchrühren und mit der Senfpaste vermengen.

Butter bzw. Olivenöl in einem Topf erhitzen. Darin die Champignonstreifen und die Zwiebelwürfel glasig dünsten.

Olivenöl in einer Pfanne erhitzen, darin die mehlierten Filetstreifen scharf anbraten. Die Pilze und die Zwiebeln dazugeben, mit Salz und Pfeffer aus der Mühle würzen und alles mit dem Cognac ablöschen, in die Senfsauce geben und erwärmen. Das Stroganoff darf nun nicht mehr kochen.

Das Rinderfilet Stroganoff mit Fettuccine oder Kartoffelpüree reichen.

Rinderfiletstreifen Stroganoff

RINDERFILETSTREIFEN STROGANOFF

GEBRATENE ENTENLEBER »TALLEYRAND«

Gebratene Entenleber »Talleyrand«

Zutaten für 4 Personen

600 g frische Entenleber, in 1cm dicke Tranchen geschnitten
Salz
Pfeffer aus der Mühle
Mehl
300 g Fettucine
300 ml Pilzrahmsauce (Rezept siehe Seite 69)
50 g Blattspinat
400 ml Trüffeljus (Rezept siehe Seite 64)
20 g schwarzer Trüffel

Zubereitung

Die Entenleberstreifen mit Salz und Pfeffer aus der Mühle würzen, dann mit Mehl bestäuben.
Die Entenleber kurz in einer heißen Bratpfanne ohne Fettzugabe beidseitig sehr scharf anbraten.
Die Pfanne vom Herd nehmen und das Fleisch ziehen lassen. Die Entenleberstreifen dabei hin und wieder wenden.
Die garen Entenleberstreifen aus der Pfanne nehmen und mit einem Küchentuch von allen Seiten trocknen. (So vermeidet man, dass später noch flüssiges Fett austritt.)
Die Fettuccine in kochendem Salzwasser al dente garen und abschütten.
Die Pilzrahmsauce in einer Kasserolle erwärmen, die Fettucine hineingeben.
Den Blattspinat blanchieren und zu den Pilz-Fettucine geben. Gut vermengen und mit Salz und Pfeffer abschmecken.
Auf vier vorgewärmte Tellern einen Spiegel aus heißem Trüffeljus geben. Darauf die Entenleber anrichten, mit schwarzem Trüffel behobeln und mit Pfeffer aus der Mühle würzen.
Die Pilznudeln mit einer Fleischgabel aufdrehen und auf jeden Teller ein kleines Nudelnest drapieren.

Mein Tipp

Die Pilznudeln mit geriebenem Parmesan garnieren. Anstelle der Pilznudeln kann man die Entenleber auch mit Kartoffel-Trüffel-Schnee servieren.

Zutaten für 4 Personen

1 küchenfertige Bresse-Poularde, ca. 800 g bis 1 kg
10 g Fleischgewürz (Rezept siehe Seite 58)
100 g Gänseleberterrine (erhältlich im Feinkostgeschäft)
100 g Champignons, gewürfelt
60 g Trüffel, grob gewürfelt
50 ml Portwein
1 Schweineblase (vom Metzger) oder
1 Bratenschlauch
Salz
Pfeffer
etwas Cognac

Für die Sauce

500 ml Sauce Suprême (Rezept siehe Seite 66)

Zubereitung

Die Bresse-Poularde rundum mit dem Fleischgewürz würzen.

Die Gänseleberterrine würfeln, mit den Champignons und dem Trüffel in den Portwein geben und 30 Minuten marinieren.

Die Gänseleber-Trüffel-Mischung in die Bresse-Poularde füllen.

Die Poularde in die gewässerte Schweineblase oder in den Bratenschlauch geben und gut verschließen.

Die verschlossene Poularde in einem mit Wasser gefüllten Steinguttopf (Marmite) bei schwacher Hitze im Ofen 60 Minuten köcheln lassen.

Die Poularde nach Ende der Garzeit aus dem Topf nehmen und das Schweinenetz (den Bratenschlauch) entfernen. Dabei den Bratensaft auffangen.

Den Bratensaft und die Poulardenfüllung in die vorgewärmte Sauce Suprême geben und mit Salz und Pfeffer abschmecken. Die Sauce mit etwas Cognac parfümieren.

Die Poularde häuten und das Fleisch von den Knochen lösen und in Würfel schneiden.

Das Poulardenfleisch in der Sauce Suprême erwärmen und servieren.

Poularde en Vessie – Huhn im Hemd

POULARDE EN VESSIE – HUHN IM HEMD

Mein Tipp

Die Poularde mit frischen Fettuccine oder Trüffel-Kartoffel-Schnee reichen.

Zutaten für 4 Personen

2 Tomaten
2 Auberginen
200 ml Frittieröl
1 küchenfertige Bresse-Poularde, ca. 800 g bis 1 kg
1 EL mildes Currypulver
10 g Fleischgewürz (Rezept siehe Seite 58)
Öl zum Braten der Poularde und des Gemüses
400 g Blätterteig
1 Eigelb

Für die Sauce

50 g Schalotten, fein gewürfelt
300 g Champignons, in feine Scheiben geschnitten
2 EL mildes Currypulver
2 EL Mehl
50 ml Weißwein
300 ml Sauce Suprême (Rezept siehe Seite 66)
Salz
Pfeffer aus der Mühle
200 ml Sahne

COQ FAROUK CORVIGLIA

Zubereitung

Die Tomaten vom Strunk befreien, kreuzweise einritzen, mit siedendem Wasser überbrühen und in kaltem Wassern abschrecken. Die Tomaten häuten, halbieren, vom Kerngehäuse befreien und im auf 180 °C vorgeheizten Backofen 15 Minuten trocknen.

Die Auberginen der Länge nach in 5 mm dicke Scheiben schneiden. Das Frittieröl in einem kleinen Topf erhitzen, darin die Auberginenscheiben einzeln frittieren. Die frittierten Scheiben auf Küchenpapier abtropfen lassen.

Die Bresse-Poularde grob zerteilen und entbeinen. Das Fleisch mit 1 EL Currypulver und dem Fleischgewürz einreiben. Das Öl in einer Bratpfanne erhitzen, darin das Geflügel von allen Seiten scharf anbraten.

In einem weiteren Topf Öl erhitzen, darin die Schalottenwürfel und die Champignons anschwitzen, mit Currypulver und Mehl bestäuben. Mit Weißwein ablöschen, mit Bechamel aufgießen und 10 Minuten schmoren. Mit Salz und Pfeffer aus der Mühle abschmecken.

Den Blätterteig halbieren und jede Hälfte 3 mm dünn ausrollen. Auf eine Teigplatte die Auberginenscheiben legen. (Dabei rundum einen Rand frei lassen.) 5 EL Curry-Champignons darauf verteilen und das Poulardenfleisch aufhäufen. Darauf nochmals 5 EL Curry-Champignons verteilen. Mit Tomaten abschließen, die überstehenden Auberginenscheiben einschlagen.

Die Pastete mit der zweiten Teigplatte bedecken. Einen Rand von 2 cm frei lassen, Teigränder abschneiden. Die Oberfläche mit verquirltem Eigelb bepinseln.

Den Coq auf ein gefettetes Backblech setzen und im auf 200 °C vorgeheizten Backofen 40 Minuten backen.

Für die Sauce die restlichen Curry-Champignons mit der Sahne aufkochen und mit Salz und Pfeffer abschmecken.

Den fertigen Coq Farouk in gleichmäßige Scheiben schneiden. Auf vorgewärmten Tellern einen Spiegel von Champignonsauce geben, darauf die Coq-Farouk-Tranchen anrichten.

DESSERTS

Desserts

Zutaten für 1 Torte
(26 cm Durchmesser)
8 Eigelb
100 ml Sahne
200 g Zucker
300 g dunkle Schokolade
300 g helle Schokolade
12 Eiweiß
100 g Biskuit (Genoise)
Schokostreusel zum Verzieren

Schoko-Trüffel-Torte

Zubereitung

Die Eigelb unter Rühren mit der Sahne und der Hälfte des Zuckers (100 g) im heißen Wasserbad erwärmen. Die so entstandene Sabayon unter weiterem Rühren abkühlen lassen.

Die dunkle und die helle Schokolade gemeinsam im heißen Wasserbad schmelzen und unter die Sabayon heben.

Den restlichen Zucker (100 g) und die Eiweiß zu steifem Schnee schlagen und sehr vorsichtig unter die Schokoladencreme heben.

Eine Kuchen- oder Springform mit einem ca. 3 mm dünnen Biskuitboden belegen. Die Schokocreme darauf verteilen und glatt streichen.

Die Torte 6 bis 8 Stunden im Kühlschrank erkalten lassen. Danach aus der Form lösen und mit Schokospänen oder -streuseln verzieren. Gleich servieren.

SCHOKO-TRÜFFEL-TORTE

FEDORA FIORENTINA – FLORENTINER RAHMKUCHEN

Fedora Fiorentina – Florentiner Rahmkuchen

Zutaten für 1 Kuchen (26 cm Durchmesser)

100 g Biskuitboden (Genoise)
100 ml Maraschinolikör
500 ml Sahne
50 g Schokoladenspäne
100 g kandierte Früchte, in Würfel geschnitten
30 g Mandeln, gehobelt und geröstet
2 TL Vanillinzucker

Zubereitung

Den Boden einer Springform mit dem Biskuitboden belegen. Die Hälfte des Maraschinolikörs auf dem Biskuit verteilen.

Die Sahne steif schlagen. Die Schokoladenspäne (einige Späne für das spätere Verzieren zurückbehalten), die kandierten Früchte, die Mandeln, den Vanillinzucker und den restlichen Maraschinolikör unter die Sahne heben.

Die Sahnecreme auf dem Biskuitboden verteilen und glatt streichen.

Den Kuchen einige Stunden kalt stellen.

Den Kuchen aus dem Kühlschrank nehmen, den Kuchenring abnehmen und die Kuchenoberfläche mit den restlichen Schokospänen verzieren.

PAVLOVA MIT ERDBEEREN

Pavlova mit Erdbeeren

Zutaten für 1 Torte (26 cm Durchmesser)

5 Eiweiß
1 Prise Salz
200 g Zucker
1 TL Orangenessenz oder Grand Marnier
1 TL Weißweinessig

Garnitur

400 ml Schlagsahne
1 TL Vanillinzucker
400 g Erdbeeren, gewaschen, verlesen und in dünne Scheiben geschnitten
Grand Marnier oder Maraschino zum Parfümieren

Zubereitung

Die Eiweiß mit dem Salz und der Hälfte des Zuckers (100 g) steif schlagen (bis der Eischnee glänzt).
Die Orangenessenz, den Weißweinessig und den restlicher Zucker unter den Eischnee rühren und weiter schlagen bis eine feinporige, glänzende und sehr steife Creme entstanden ist.
Ein Backblech mit Backpapier belegen und eine Springform (26 cm Durchmesser) darauf stellen.
Die Orangencreme in die Form füllen und glatt streichen. Den Ring der Form entfernen.
Den Backofen auf 200 °C vorheizen, dann die Hitze auf 150 °C reduzieren. Die Torte 15 bis 20 Minuten backen bis ihre Oberfläche leicht braun ist.
Die Ofentemperatur auf 120 °C reduzieren, die Türe des Backofen mit einem Holzspatel leicht offenhalten und die Pavlova ca. $1\frac{1}{2}$ Stunden weiterbacken. Die Pavlova muss außen knusprig und innen leicht feucht sein.
Die fertige Pavlova aus dem Ofen nehmen, abkühlen lassen und vom Backpapier lösen.
Die steif geschlagenen Sahne auf der Pavlova verteilen, mit dem Vanillinzucker bestäuben und mit den fein geschnittenen Erdbeeren dekorieren. Die Pavlova vor dem Servieren mit Grand Marnier oder Maraschino parfümieren.

Mein Tipp

Die Pavlova wird nicht geschnitten, sondern mit zwei Löffeln abgestochen und serviert.

TARTE TATIN

Tarte tatin

Zutaten für 4 bis 6 Personen

1 kg Äpfel (Renette oder Boskop)
2 EL Butter
2 EL Honig
200 g Blätterteig
30 g Zucker

Zubereitung

Die Äpfel schälen, halbieren, von den Kerngehäusen befreien und in große Schnitze schneiden.
In einer ofenfesten Pfanne die Butter und den Honig schmelzen lassen. Die Pfanne vom Herd nehmen.
Die Apfelschnitze gleichmäßig in der Pfanne verteilen und mit dem 3 bis 4 mm dünn ausgerollten Blätterteig bedecken.
Überstehende Teigränder abschneiden. Den Teigrand an der Pfanneninnenseite andrücken.
Den Teig mehrmals mit einer Gabel einstechen und mit dem Zucker bestreuen.
Die Tarte im auf 180 °C vorgeheizten Backofen 30 Minuten ausbacken.
Die Tarte ist fertig, sobald der Butterhonig aufgesaugt ist und die Äpfel leicht karamellisiert sind.

Mein Tipp

Die warme Tarte Tatin mit Calvados oder Kirschgeist parfümieren oder mit Vanilleeis anrichten. Warm servieren.

Zutaten für 4 bis 6 Personen

200 g weiße Schokolade
150 ml Zuckersirup aus gleichen Teilen Wasser und Zucker
2 Eigelb
350 g Kastanienpüree (Maronipüree)
600 ml Sahne
50 g Kirschwasser

Zubereitung

Die Schokolade mit dem Zuckersirup im heißen Wasserbad schmelzen.

Die Eigelb zu der Schokoladencreme geben, unter Rühren erwärmen und dann unter weiterem Rühren abkühlen lassen.

Das Kastanienpüree unter die Schokoladencreme rühren. Dann vorsichtig die steif geschlagene Sahne unterheben.

Das Püree mit dem Kirschwasser parfümieren, in eine Servierschale füllen und 6 bis 8 Stunden kalt stellen.

Mousse aux marrons – Maronimousse

MOUSSE AUX MARRONS – MARONIMOUSSE

DUNKLE MOUSSE AU CHOCOLAT

Zutaten für 4 bis 6 Personen

6 Eier
100 g Zucker
300 g dunkle Schokolade
50 g Butter
3 EL Grand Marnier
3 EL Pfefferminzlikör
1 TL Instantkaffee (z. B. Nescafé)
400 ml Sahne

Zubereitung

Die Eier mit dem Zucker im heißen Wasserbad unter Rühren erwärmen. Die so entstandene Sabayon unter Rühren erkalten lassen.

Die Schokolade mit der Butter im heißen Wasserbad schmelzen und unter die Sabayon heben.

Den Grand Marnier und den Pfefferminzlikör mischen, den Instantkaffee darin auflösen und unter die Mousse rühren.

Die steif geschlagene Sahne vorsichtig unter die Mousse ziehen und 6 bis 8 Stunden kalt stellen.

Dunkle Mousse au chocolat

VANILLESAUCE

Zutaten für ca. 1 Liter

1000 ml Milch
1 Vanilleschote, längs aufgeschlitzt
4 Eigelb
180 g Zucker
30 g Maizena-Stärke

Zubereitung

800 ml der Milch mit dem Mark der Vanilleschote (dazu das Mark mit einem kleinem Messer auskratzen) zum Kochen bringen.

Die restliche Milch (200 ml) mit den Eigelb, dem Zucker und der Stärke verrühren. Diese Mischung in die kochende Milch rühren und unter ständigem Rühren 2 Minuten kochen lassen.

Mein Tipp

Die Vanillesauce lässt sich kalt oder warm zu zahlreichen Dessertvariationen servieren. Man kann sie mit Schlagsahne verfeinern, kalt genießen oder mit Kirschgeist, Grand Marnier oder einem anderen Likör verfeinert zu warmen Desserts reichen.

Vanillesauce

WEISSE MOUSSE AU CHOCOLAT

Weiße Mousse au Chocolat

Zutaten für 4 bis 6 Personen

6 Eier
100 g Zucker
400 g weiße Schokolade
6 Gelatineblätter, eingeweicht
4 EL Arrak oder weißer Rum
600 ml Sahne

Zubereitung

Die Eier mit dem Zucker im heißen Wasserbad unter Rühren erwärmen. Die so entstandene Sabayon vom Herd nehmen und unter weiterem Rühren erkalten lassen.

Die Schokolade mit der Gelatine schmelzen und unter die Sabayon heben. erwärmen

Die Mousse mit Arrak bzw. weißem Rum abschmecken.

Die steif geschlagene Sahne vorsichtig unter die Mousse heben, in eine Servierschale füllen und im Kühlschrank 6 bis 8 Stunden kalt stellen.

VANILLECREME – CREME PATISSIÈRE

Vanillecreme

Zutaten für ca. 1 Liter

500 ml Milch
160 g Zucker
1 Vanilleschote, längs aufgeschlitzt
5 Eigelb
30 g Maizena-Stärke

Zubereitung

Die Milch mit 80 g Zucker und dem Mark der Vanilleschote (das Vanillemark mit einem kleinem Messer auskratzen) zum Kochen bringen.

Die Eigelb, den restlichen Zucker (80 g) und die Stärke schaumig schlagen.

Den Eischaum unter die kochende Milch rühren und unter ständigem Rühren ca. 3 Minuten kochen bis eine dicke Creme entsteht. Die Creme kalt stellen.

Mein Tipp

Die Vanillecreme vor dem Kühlen mit Puderzucker bestäuben oder mit Pergamentpapier abdecken. Die Creme vor dem Servieren durch ein Sieb streichen. So erhält man eine glatte Creme ohne Haut und Klümpchen.

WARMES SCHOKOLADENTÖRTCHEN – FONDANT AU CHOCOLAT

Warmes Schokoladentörtchen – Fondant au chocolat

Zutaten für 10 bis 12 Törtchen

180 g Butter

190 g dunkle Schokolade (66 % Kakao)

6 Eier

240 g Zucker

80 g Weißmehl

20 g Mandeln, gemahlen

Zubereitung

Die Butter und die Schokolade in je einem heißen Wasserbad schmelzen.

Die geschmolzene Schokolade unter stetem Rühren langsam mit der geschmolzenen Butter vermengen.

Die Eier und den Zucker mit dem Handrührgerät schaumig schlagen bis die Masse das doppelte Volumen hat.

Die Schokoladen-Butter-Creme langsam unter den Eischaum heben und gut verrühren.

Das Weißmehl vorsichtig unter die Schokoladencreme heben. Die Creme in ausgebutterte und mit den gemahlenen Mandeln ausgestäubte Backförmchen füllen. Dabei soll die Creme 1 Fingerbreit unter den Rand reichen.

Die Törtchen im auf 180 °C vorgeheizten Backofen 10 bis 12 Minuten backen. Die fertigen Törtchen aus den Formen stürzen und warm mit einer Fleurette (halbgeschlagene Sahne, parfümiert mit Vanille oder Amaretto) servieren.

Mein Tipp

Die Creme am Vortag zubereiten und in die Förmchen füllen, damit sie sich setzen kann. Wichtig ist, dass die Förmchen gut ausgebuttert sind. Statt Tortenförmchen eignen sich auch Espressotässchen.

POCHIERTE ORANGEN

Zutaten für 4 Personen

4 Orangen
100 ml Wasser
10 EL Zucker
1 TL Maizena-Stärke
100 ml Grand Marnier

Pochierte Orangen

Zubereitung

Die Orangen mit einem Sparschäler dünn schälen. Die Schalen in feine Streifen (Zeste) schneiden.
Die Zesten mit dem Wasser und 4 EL des Zuckers aufkochen, bis sie karamellisieren. Die karamellisierten Schalen auf den Boden einer kleinen Kasserolle legen.
Die Orangen komplett von der weißen Haut befreien, auf den Karamellschalen anrichten und mit dem restlichen Zucker (6 EL) bestreuen. Die Kasserolle mit Wasser füllen, bis die Orangen bedeckt sind.
Die Orangen 10 Minuten kochen. Die Schalen aus der Kasserolle nehmen und die Orangen weitere 10 Minuten köcheln lassen.
Die Orangen aus der Kasserolle nehmen und die Flüssigkeit auf $^1/_3$ des Volumens reduzieren.
Den so entstandenen Sirup mit der Stärke binden und mit Grand Marnier abschmecken.
Die Orangen in einer Servierschale anrichten, mit dem Sirup nappieren und mit den karamellisierten Orangenzesten garnieren.

Mein Tipp

Die pochierten Orangen mit Vanilleeis servieren.

ŒUFS À LA NEIGE

Œufs à la neige

Zutaten für 4 bis 6 Personen

6 Eiweiß
150 g Zucker
1 Prise Salz
100 ml Milch
100 ml Wasser

Zubereitung

Die Eiweiß mit dem Zucker und dem Salz zu sehr steifem Schnee schlagen. (Der Schnee muss glänzen.)
Die Milch und das Wasser zwei Fingerbreit in eine Kasserolle füllen und zum Kochen bringen.
Mit zwei Löffeln kleine Krapfen aus dem Eischnee stechen und im Milchwasser unter mehrmaligem Drehen pochieren, bis sie fest sind.
Die fertigen Œufs auf einem Küchentuch abtropfen lassen.

Mein Tipp

Die Œufs auf Vanillesauce oder Beerenpüree anrichten und mit frischen Früchten oder Beeren servieren.

CLAFOUTIS – FRÜCHTEAUFLAUF

Clafoutis - Früchteauflauf

Zutaten für 4 bis 6 Personen

100 g Biskuit (Genoise)
500 g gemischte Früchte, entsteint (Zwetschgen, Aprikosen, Kirschen)
200 ml Sahne
100 ml Milch
40 g Butter, flüssig
2 Eier
100 g Zucker
50 g Weißmehl
Puderzucker zum Bestäuben

Zubereitung

Eine Pyrex- oder feuerfeste Form mit dem dünn geschnittenen Biskuitboden auslegen. Den Biskuit mit den Früchten belegen.

Aus der Sahne, der Milch, der Butter, den Eiern, dem Zucker und dem Mehl einen Guss zubereiten und die Früchte damit bedecken.

Den Clafoutis im auf 160 °C vorgeheizten Backofen 40 Minuten backen.

Den fertig gebackenen Clafoutis mit Puderzucker bestäuben und kurz unter dem Backofengrill (Oberhitze) karamellisieren.

Mein Tipp

Den Clafoutis mit Vanilleeis, Vanillesauce oder Schlagsahne servieren.

HIMBEERGRATIN

Himbeergratin

Zutaten für 4 Personen

400 g Himbeeren
300 g Gratin-Soufflémasse (Rezept siehe Seite 182)
20 g Mandeln, gehobelt
10 g Puderzucker
100 ml Kirschwasser
4 Kugeln Vanilleeis

Zubereitung

Den Boden einer Gratinschale mit den Himbeeren belegen. Die Soufflémasse darauf verteilen.
Die gehobelten Mandeln über das Soufflé streuen und leicht andrücken, damit sie beim Gratinieren nicht verbrennen. Mit Puderzucker bestreuen.
Das Soufflé unter dem Backofengrill (Oberhitze) gleichmäßig goldbraun gratinieren.
Das fertige Himbeersoufflé mit Kirschwasser beträufeln und mit dem Vanilleeis servieren.

Mein Tipp

Das Soufflé lässt sich nach Belieben auch mit anderen Früchten oder Beeren zubereiten.

GRATIN-SOUFFLÉMASSE

Gratin-Soufflémasse

Zutaten für eine Menge von ca. 500 g

400 g Vanillecreme (Rezept siehe Seite 173)
100 ml Sahne
2 Eigelb
4 Eiweiß
30 g Zucker

Zubereitung

Die glatt gestrichene Vanillecreme (Creme Pâtissière) mit der Sahne und den Eigelb zu einer gebundenen Masse verrühren.
Die Eiweiß mit dem Zucker zu steifem Schnee schlagen und vorsichtig unter die Vanillecreme heben.

Mein Tipp

Dieses Soufflé ist für Früchtegratins jeder Art geeignet. Dabei die Masse nie zu hoch auf die Früchte (Beeren) streichen, dann mit gehobelten Mandeln bestreuen und mit Puderzucker bestäuben.
Das Soufflé unter dem Backofengrill (Oberhitze) langsam und gleichmäßig gratinieren.

AILES D'ANGES

Ailes d'anges

Zutaten für 4 bis 6 Personen

125 g Weißmehl
250 ml Milch
1 EL Zucker
2 Eier
etwas abgeriebene Orangenschale
125 g Butter, flüssig
1 Prise Salz
400 ml Orangensauce (Rezept siehe Seite 190)

Zubereitung

Das Mehl, die Milch, den Zucker, die Eier, die Orangenschale, die Butter und das Salz zu einem geschmeidigen Teig rühren.
Eine kleine Teflon- oder Crêpepfanne erhitzen, den Teig darin portionsweise beidseitig goldbraun ausbacken.
Die Orangensauce in einer flachen Kasserolle erhitzen, die fertigen Crêpes darin wenden, falten und auf vorgewärmten Tellern anrichten.
Die übrige Orangensauce über die Crêpes geben.

Mein Tipp

Die Crêpes mit je einer Kugel Vanilleeis und etwas Grand Marnier servieren.

BREAD- & BUTTER-PUDDING

Zutaten für 4 bis 6 Personen

100 g Zwieback
50 g Rosinen
500 ml Milch
150 ml Sahne
4 Eier
50 g Zucker
1 Prise Zimt
1 Prise Muskat
50 g Butter
Puderzucker zum Bestäuben

Bread- & Butter-Pudding

Zubereitung

Eine Pyrex- oder andere feuerfeste Form schuppenartig mit dem Zwieback auslegen. Die Rosinen darauf streuen.

Die Milch, die Sahne, die Eier, den Zucker, den Zimt und den Muskat zu einem Guss rühren und den Zwieback damit bedecken.

Die Butter zu Flocken ziehen und auf dem Pudding verteilen.

Den Pudding im auf 160 °C vorgeheizten Backofen 40 Minuten backen.

Den fertigen Pudding mit Puderzucker bestäuben und kurz unter dem Backofengrill (Oberhitze) karamellisieren.

Mein Tipp

Den Pudding mit Vanilleeis, Vanillesauce oder Schlagsahne servieren.

Zutaten für 4 Personen

400 g gemischte Früchte der Saison (Äpfel, Birnen, Pfirsiche, Erdbeeren, Heidelbeeren)
100 ml Zuckersirup (aus 50 g Zucker und 100 ml Wasser)
100 g Biskuit (Genoise)
50 ml Maraschinolikör
200 g Vanillecreme (siehe Rezept Seite 173)

Für die Meringe

3 Eiweiß
20 g Zucker
10 g Mandeln, gehobelt
Puderzucker zum Bestäuben

Zubereitung

Die Früchte waschen, verlesen, bei Bedarf entkernen bzw. entsteinen und in kleine Würfel schneiden. Die Fruchtwürfel mit dem Sirup vermischen und über Nacht im Kühlschrank marinieren.

Am Folgetag den Sirup abgießen und beiseite stellen. Den Fruchtsalat über einem Sieb abtrpfen lassen.

Eine flache Schale (Cocotte) mit einer Biskuitschicht (ca. 1 cm dick) auslegen. Den Biskuit mit dem Maraschino und dem Fruchtsirup parfümieren.

Den Biskuitboden mit einer Schicht der Vanillecreme bestreichen. Etwas abgetropften Fruchtsalat darauf verteilen.

Diesen Vorgang 2- bis 3-mal wiederholen (bis die Zutaten aufgebraucht sind).

Die Eiweiß mit dem Zucker zu steifem Schnee schlagen. Den Eischnee auf der Zuppa verteilen und glatt streichen.

Den Eischnee mit den Mandeln bestreuen und mit Puderzucker bestäuben.

Die Zuppa unter dem Backofengrill (Oberhitze) kurz gratinieren und sofort servieren.

ZUPPA INGLESE

ROTE GRÜTZE

Zutaten für 4 bis 6 Personen

200 g Himbeeren
200 g Erdbeeren
200 g Brombeeren
200 g Johannisbeeren
100 ml Wasser
200 ml Rotwein
150 g Zucker
1 Zimtstange
etwas abgeriebene Zitronenschale (Zeste)
50 g Maizena-Stärke

Rote Grütze

Zubereitung

Die Beeren waschen und verlesen. Von jeder Beerensorte 50 g beiseite stellen.
Die restliche Beeren mit der Hälfte des Wassers (50 ml), dem Rotwein, dem Zucker, der Zimtstange und der Zitronenschale (Zeste) aufkochen und 10 Minuten kochen lassen.
Die Stärke in dem restlichen Wasser auflösen und in die kochende Beerensuppe geben. Die Grütze mit einem Stabmixer gut verquirlen und 5 Minuten weiterköcheln lassen, bis sie leicht gebunden ist.
Die Grütze vom Herd nehmen, die restlichen Beeren untermischen und kalt stellen.

Mein Tipp

Die Rote Grütze nach Belieben mit flüssiger Sahne, Schlagsahne oder Vanillesauce servieren.

ORANGENSAUCE

Zutaten für ca. 500 ml

5 unbehandelte Orangen
1 unbehandelte Zitrone
100 g Zucker
500 ml Orangensaft
6 EL Orangenmarmelade

Orangensauce

Zubereitung

Die Orangen und die Zitronen hauchdünn schälen. Die Zesten mit dem Zucker und dem Orangensaft 10 Minuten kochen lassen. Dann die Orangenmarmelade hinzufügen und weitere 5 Minuten köcheln lassen.

Mein Tipp

Die Orangensauce kann man mit Grand Marnier oder Cointreau verfeinern. Sie passt sehr gut zu Crêpes und Soufflés oder heiß zu Vanilleeis.

GEBRANNTE CREME

Zutaten für ca. 800 ml

150 g Zucker
500 ml Milch
30 g Maizena-Stärke
50 ml Wasser

Gebrannte Creme

Zubereitung

Ein Drittel des Zuckers (50 g), die Milch und die Stärke verrühren.

Den restlichen Zucker (100 g) und das Wasser in einer Kasserolle goldbraun karamellisieren. Den Karamell mit der Milchmischung ablöschen.

Die Creme köcheln lassen bis sich der Karamell komplett aufgelöst hat und die Creme dick wird.

Mein Tipp

Die erkaltete Creme durch ein Sieb streichen und mit Schlagsahne verfeinern.

Grob gehackte Makronen oder Krokant verleihen der Creme einen feinen Nussgeschmack.

BEERENCOULIS

Zutaten für ca. 1 l

900 g gemischte Beeren (Himbeeren, Erdbeeren, Brombeeren)
300 g Puderzucker
5 Zitronen

Zubereitung

Die Beeren mit dem Puderzucker in dem Saft der Zitronen aufkochen.
Die Beerenmischung nach ca. 15 Minuten mit dem Stabmixer pürieren.

Mein Tipp

Beerencoulis schmeckt zu Eiscreme, Torten und anderen Süßspeisen.

GRANITÉ AU CHAMPAGNE – CAMPARI

Zutaten für ca. 500 ml

Granité au Champagne

350 ml Champagner
100 ml Wasser
100 g Zucker
1 Orange
1 Zitrone

Zubereitung

Den Champagner mit dem Wasser, dem Zucker und dem Saft der Orange und der Zitrone kurz aufkochen.
Die Flüssigkeit in eine flache Schale gießen und im Tiefkühlfach 24 Stunden einfrieren.
Das fertige Granité mit einem Löffel abschaben und in vorgekühlte Gläser füllen.

Granité au Campari

100 g Zucker
50 ml Wasser
350 ml Orangensaft
150 ml Campari

Zubereitung

Den Zucker mit dem Wasser zu hellem Karamell kochen. Den Karamell mit dem Orangensaft und dem Campari ablöschen und aufkochen.
Die Masse kochen bis sich der Karamell aufgelöst hat.
Die Orangen-Karamellmasse in eine flache Schale gießen und im Tiefkühlfach 24 Stunden einfrieren.
Das fertige Granité mit einem Löffel abschaben und in vorgekühlte Gläser füllen.

Zutaten für 4 Personen

4 Eier
4 Eigelb
2 EL Amaretto
2 EL Weißwein
4 EL Zucker
4 Kugeln Mokka-Krokanteis

Macchiato da Reto

Zubereitung

Die Eier, die Eigelb, den Amaratto, den Weißwein und den Zucker im heißen Wasserbad (das Wasser sollte den Topf zu 2 Fingerbreit füllen) mit einem Schwingbesen unter ständigem Schwingen zu einer festen, luftigen Zabaione aufschlagen.

Das Eis in einem großen Weinglas oder einer hohen Schale anrichten und mit der noch warmen Zabaione anrichten.

Mein Tipp

Statt einem Esslöffel kann man als »Messbecher« eine halbe Eierschale verwenden.

Für Kinder kann man die Zabaione statt mit Alkohol mit Apfel- oder Traubensaft zubereiten.

MACCHIATO DA RETO

PARIS-BREST

Paris-Brest

Zutaten für 1 Kuchen
(26 cm Durchmesser)

400 g Brandteig (Rezept siehe Seite 73)
30 g Mandeln, gehobelt
50 g Schokoladenspäne
300 g Vanillecreme
100 g Pralinenmasse (Gianduja)
200 ml Schlagsahne
50 g Krokant
Puderzucker zum Bestäuben

Zubereitung

Den Brandteig ringförmig auf ein mit Backpapier belegtes Backblech spritzen.

Den Teigring mit den gehobelten Mandeln bestreuen und im auf 180 °C vorgeheizten Backofen 20 Minuten backen.

Die Torte aus dem Ofen nehmen und horizontal halbieren. Die untere Hälfte mit den Schokospänen bestreuen. Die Torte erkalten lassen.

Die Vanillecreme mit der Pralinenmasse verrühren und auf die untere Tortenhälfte streichen.

Die Sahne steif schlagen und über die Pralinencreme streichen. Den Krokant darauf streuen.

Den oberen Tortenring darauflegen und mit Puderzucker bestäuben.

Den Paris-Brest vor dem Servieren vorsichtig in kleine Stücke schneiden.

WINDBEUTEL

Zutaten für 4 Personen

400 g Brandteig (Rezept siehe Seite 73), mit etwas Zucker gesüßt
200 ml Sahne
200 g Vanillecreme (Rezept siehe Seite 173)
Puderzucker und/oder Kakaopulver zum Bestäuben

Zubereitung

Den Brandteig in einen Spritzbeutel füllen und in kleinen Häufchen auf ein mit Backpapier belegtes Backblech spritzen.

Die Windbeutel im auf 180 °C vorgeheizten Backofen 20 Minuten backen.

Die Windbeutel aus dem Backofen nehmen und abkühlen lassen.

Die erkalteten Windbeutel horizontal halbieren.

Die Sahne steif schlagen. Die Vanillecreme vorsichtig unter die Sahne heben.

Die Sahnecreme auf die unteren Hälften der aufgeschnittenen Windbeutel streichen.

Die oberen Hälften aufsetzen und die Windbeutel mit Puderzucker und Kakaopulver bestäuben.

Mein Tipp

Die Windbeutel lassen sich nach Belieben mit Eiscreme oder Fruchtsorbet füllen.

Die Vanillecreme schmeckt noch besser, wenn man sie mit frischen Beeren oder Früchten verfeinert oder mit Grand Marnier parfümiert.

MANDELTUILES

Zutaten für ca. 400 g

5 g Butter, flüssig
50 g Weißmehl
2 Eiweiß
100 g Puderzucker
50 g Mandeln, gehobelt
1 Prise Salz
2 bis 3 EL Milch

Mandeltuiles

Zubereitung

Die Butter mit dem Mehl, den Eiweiß und dem Puderzucker zu einem glatten Teig vermengen. Die Mandeln und das Salz daruntermischen. Den Teig glatt kneten.

Den Teig mit der Milch verdünnen bis eine dickflüssige Masse entsteht.

Aus dem Teig mit einem Esslöffel kleine kreisrunde Plätzchen (Tuiles) formen. Die Plätzchen auf ein mit Backpapier belegtes Blech legen und flach streichen.

Die Tuiles im auf 180 °C vorgeheizten Backofen ca. 5 bis 8 Minuten backen.

Sobald sich der Rand der Tuiles goldbraun färbt, das Blech aus dem Ofen nehmen. Die Tuiles mit einem Spatel vom Backpapier lösen und über einen Teigroller legen. (So erhalten die Tuiles die runde »Dachziegelform«.) Die Tuiles erkalten lassen, mit Puderzucker bestäuben und servieren.

GRASSINS – ENGADINER BUTTERKEKSE

Zutaten für ca. 500 g

150 g weiche Butter
250 g Weißmehl
125 g Zucker
1 Ei
1 Prise Salz
1 Prise Zimt

Zubereitung

Die Butter mit dem Mehl und dem Zucker zu einem festen Teig verkneten.

Das Ei, das Salz und den Zimt dazugeben und den Teig glatt kneten.

Den Teig 2 bis 3 Stunden bei Zimmertemperatur ruhen lassen.

Den Teig zu einer 1 cm dicken Platte rollen und mit einer beliebiger Form ausstechen.

Die Kekse auf ein mit Backpapier belegtes Backblech legen und im auf 160 bis 170 °C vorgeheizten Backofen ca. 20 Minuten lang goldgelb backen.

Die fertigen Kekse auf dem Blech erkalten lassen.

Mein Tipp

Um den Grassins ein feines Zitrusaroma zu geben, kann man etwas fein geriebene Zitronenzeste unter den Teig mischen.

Statt den Teig flach auszurollen kann man Ihn zu einer Rolle formen und diese zu Scheiben schneiden.

Grassins – Engadiner Butterkekse

CANTUCCINI

Zutaten für ca. 600 g

250 g Weißmehl
1 TL Backpulver
200 g Zucker
3 Eier
2 Eigelb
150 g Mandelkerne, ungeschält
1 Prise Salz

Cantuccini

Zubereitung

Das Mehl mit dem Backpulver und dem Zucker mit der Küchenmaschine vermengen. Die Eier, die Eigelb, die Mandelkerne und das Salz dazugeben und alles zu einem glatten Teig kneten.
Den Teig zu 2 bis 3 cm dicke Röllchen ausrollen und bei Zimmertemperatur 1 Stunde ruhen lassen.
Die Röllchen auf ein mit Backpapier belegtes Backblech legen und im auf 180 °C vorgeheizten Backofen ca. 20 Minuten goldgelb backen.
Die Rollen aus dem Ofen nehmen und in ca. 1 cm dicke Scheiben schneiden.
Die Scheiben mit den Schnittfächen nach oben auf das Backblech legen und auf jeder Seite weitere 5 Minuten knusprig backen.
Die fertigen Cantuccini auf dem Backblech erkalten lassen.

Mein Tipp

Um den Cantuccini mehr Aroma zu verleihen, kann man nach Belieben etwas Mandelaroma, Amaretto oder Mandelsirup in den Teig rühren.

Zutaten für ca. 500 g

100 g weiche Butter
150 g Weißmehl
150 g Zucker
1 Ei
80 g Mandelkerne
1 Zitrone
1 Prise Salz
1 Prise Zimt

Alpenbrot

Zubereitung

Die Butter, das Mehl und den Zucker zu einem festen Teig verkneten.
Das Ei, die Mandelkerne, die hauchdünn abgeriebene Zitronenschale (Zeste), das Salz und den Zimt daruntermischen und glatt kneten.
Den Teig zu einer 3 bis 4 cm dicke Rolle formen und 2 bis 3 Stunden im Kühlschrank ruhen lassen.
Die Teigrolle auf ein mit Backpapier belegtes Backblech legen und im auf 160 bis 170 °C vorgeheizten Backofen ca. 20 Minuten goldgelb backen.
Das Alpenbrot auf dem Backblech erkalten lassen.

Mein Tipp

Anstelle von Mandeln kann man den Teig mit Haselnüssen zubereiten.

ALPENBROT

LES JACQUES – APFELRÖSTI

Les Jacques - Apfelrösti

Zutaten für 4 bis 6 Personen

4 Äpfel (Renette oder Golden Delicious)
50 g Butter
50 g Zucker
50 ml Weißwein
50 ml Rum
50 g Mandeln, gehobelt
50 g getrocknete Weinbeeren (Rosinen)
5 g Zimt, gemahlen
200 g Pfannkuchenteig (Rezept siehe Seite 73)

Zubereitung

Die Äpfel schälen und die Kerngehäuse ausstechen.
Die Äpfel in feine Scheiben schneiden.
Die Butter und den Zucker in einer Kasserolle karamellisieren und mit dem Weißwein und dem Rum ablöschen.
Die Apfelscheiben, die Mandeln und die Rosinen unter den Karamell rühren, mit dem Zimt abschmecken und weich kochen.
Eine kleine Teflon- oder Crêpepfanne erhitzen, den Apfelteig ca. 1 cm hoch einfüllen und auf beiden Seiten anbraten.
Den angebratenen Apfelteig mit dem Pfannkuchenteig binden und auf beiden Seiten goldbraun backen.

Mein Tipp

Das Apfelrösti mit Apfelsorbet oder Rumrosineneis servieren.

»ÜN CORDIEL GRAZCHA FICH« – EIN HERZLICHES DANKESCHÖN

Ehre wem Ehre gebührt – in den verflossenen 40 Jahren haben unzählige motivierte und engagierte Mitarbeiterinnen und Mitarbeiter aus ebenso vielen Nationen mitgeholfen, den Familien Mathis ihre »Corviglia« zu kreieren und ihre Visionen umzusetzen. Ohne die persönliche Identifikation und den Einsatz jedes Einzelnen mit und für unsere Ideen, Konzepte und die Philosophie der Berggastronomie à la Mathis wäre dies nicht möglich gewesen. Von ganzem Herzen gehören ihnen unser aufrichtigster Dank und unsere Ehrerbietung.
Stellvertretend für alle »Corviglianer« danken wir den Herren Markus Hörner – À la Carte Chef – sowie Andreas Schinharl – Produktions-Chef – für die große Mithilfe bei der Gestaltung dieses Buches.
Einschließen in unseren Dank möchten wir selbstverständlich ebenfalls all unsere treuen, erwartungsvollen, verwöhnten, lobenden, aber zum Glück auch kritischen Gäste, die uns stets unterstützen und zu neuen Ideen und Leistungen anspornen.
Zuletzt gilt unser Dank natürlich auch unserer Verlegerin Anja Heyne, die unsere besten Rezepte zu diesem wunderschönen Buch werden ließ.

Dank und Impressum

www.collection-rolf-heyne.de

1. Auflage 2006

Fotografie: Michael Wissing, Waldkirch
Umschlaggestaltung: Collection Rolf Heyne, München
Layout: Hauptmann & Kompanie, München – Zürich
Satz: Elisabeth Petersen, München
Lithografie: Lorenz & Zeller, Inning
Druck und Bindung: Printer Trento, Trient

Printed in Italy

ISBN 3-89910-323-8

St. Moritz

St. Moritz

St. Moritz

St. Moritz

St. Moritz

St. Moritz

St. Moritz

St. Moritz

St. Moritz

St. Moritz